PUHUA BOOKS

我们一起解决问题

产业区块链

赋能实体经济创新发展

文华　蒋晓军　李波◎主编

人民邮电出版社
北京

图书在版编目（CIP）数据

产业区块链 ：赋能实体经济创新发展 / 文华，蒋晓军，李波主编. -- 北京 ：人民邮电出版社，2020.4
ISBN 978-7-115-53409-5

Ⅰ. ①产… Ⅱ. ①文… ②蒋… ③李… Ⅲ. ①产业发展—研究—中国 Ⅳ. ①F269.2

中国版本图书馆CIP数据核字(2020)第015408号

内 容 提 要

这是一本写给企业家看的区块链图书，力图赋能实体经济创新发展。本书抓住中央高度重视并学习区块链的时机，围绕企业家了解区块链、应用区块链的需求痛点，重点阐述了产业区块链的相关内容和案例。本书首先分析了产业区块链与企业家的关系、区块链在产业发展中的作用；其次描述了产业区块链的生态矩阵、应用发展方向；最后介绍了电子政务、供应链金融、计量溯源、内容版权、智慧监理等 14 个产业领域的区块链应用案例。

本书适合致力于产业区块链应用落地的行业探索者、企业家和各行各业的从业人员阅读。

◆ 主　　编　文　华　蒋晓军　李　波
　责任编辑　张国才
　责任印制　彭志环
◆ 人民邮电出版社出版发行　　北京市丰台区成寿寺路 11 号
　邮编　100164　　电子邮件　315@ptpress.com.cn
　网址　http://www.ptpress.com.cn
　三河市君旺印务有限公司印刷
◆ 开本：700×1000　1/16
　印张：15.25　　　　2020 年 4 月第 1 版
　字数：180 千字　　　2020 年 4 月河北第 1 次印刷

定价：69.00 元

读者服务热线：(010) 81055656　印装质量热线：(010) 81055316
反盗版热线：(010) 81055315
广告经营许可证：京东工商广登字 20170147 号

编委会

专家赞誉

《产业区块链》一书站在新时代融合发展的高度，把区块链作为核心技术自主创新的重要突破口，为具有区块链属性的企业和具有区块链精神的企业家找到了共赢共享的成功路径。

——黄恒学　北京大学政府管理学院教授、系主任

《产业区块链》一书重点分析了产业区块链与企业家的关系、区块链在产业发展中的作用，并介绍了电子政务、供应链金融、内容版权、智慧监理等多个领域的区块链应用案例，对于企业家了解区块链基本知识、应用区块链赋能实体经济创新发展等具有较好的指导意义和参考价值。

——刘权　赛迪区块链研究院院长

《产业区块链》是一本值得向企业家推介的好书，企业家可以借助这本好书提升自身的学习能力，与时俱进地打造企业的核心竞争力。

——邓斌　《华为管理之道》作者、书享界创始人兼 CEO

此书作为区块链技术与产业相结合的入门指导，立足于行业发展的实际，融入了管理智慧，值得面临转型的企业家研读。

——窦俊　中国通信工业协会区块链专业委员会执行秘书长

解析国家战略、展望产业形势、分享实践经验、探究发展路径，《产业区块链》一书应能通过高校管理教育培训系统帮助更多企业家，在推动区块链技术赋能实体经济、重塑价值生态链方面起到积极的作用。

——王体星　中国管理教育联合会会长

《产业区块链》一书由国内商学教育和区块链技术培训领域的资深专家联合创作，充分反映了区块链赋能实体经济的时代要求和具体路径，其中有不少华南地区的成功案例十分切合民营企业家培训的需求。

——许晓霞　华南理工大学工商管理学院 EDP 中心创始人

广东民营企业家学院执行院长

区块链将是一种未来所有人都会认识的社会生活用词。这本书非常全面地介绍了区块链技术在企业中成功应用的方案，同时也解释了社会、政府和商业机构应如何面对现实的科技改变形势。

——曾伟煌　澳大利亚中华商会主席

产业区块链技术与实体经济相结合，将会构建诚信的产业环境，提高效率，降低成本，真正推动实体经济发展。

——庄永新　澳大利亚瑞达集团（Bristar Group）董事长

澳大利亚昆士兰华人房地产开发商协会会长

《产业区块链》一书对区块链技术应用落地具有卓越的贡献，对建立适应区块链技术机制的环境安全保障体系、推动区块链作为监督管控工具具有重要意义。

——廖明秀　澳大利亚环球可持续发展创新协会创始人兼会长博士

产业区块链代表一种未来

在过去两三年间，关于区块链技术的专著颇为丰富，关于区块链与产业方面的著作也逐渐多了起来。尽管如此，文华、蒋晓军和李波主编的《产业区块链》一书还是值得我们认真阅读。因为这本书有以下几方面的特色。

第一，在区块链与国民经济的关系方面，这本书阐述了区块链对国民经济发展，特别是产业改造的战略意义。“区块链是一种由多方共同维护，使用密码学技术保障传输和访问安全，能够实现数据一致存储、难以篡改、防止抵赖的分布式记账技术”。因为具有这种技术特征，在过去数年时间里，区块链正在成为全球范围内的新的技术前沿，并且迅速“覆盖到数字金融、物联网、智能制造、供应链管理、数字资产交易、电商等多个领域，全球主要国家都在加快布局区块链产业发展”。本书以我国作为背景，提出了区块链对国民经济发展，特别是产业模式升级意义重大。对于世界级跨国公司而言，他们也是高度重视区块链的。本书以 J.P. 摩根为例，认为区块链具有降低成本、增强流动性、增强安全性、提高效率、增强透明性等优势，所以，需要促进从“实践论证”阶段向“产业化”阶段演化，形成区块链生态系统。

第二，在区块链理论方面，这本书明确了“区块链是基础设施”。“从狭义来说，区块链是所有交易的公共总账，由按照时间顺序记录了交易的数据区块的链条所组成。从广义来说，区块链是基于计算机算法的人工市场，是协调所有交易、实现共赢的中枢神经系统。未来，包括商品交易、服务交易和金融交易在内的所有交易都将在区块链上进行，而不仅仅是‘数字货币’的发行和支付”。人们期望的平台经济、共享经济、生态经济和社群经济，以及数字经济推动的新经济体系，都需要有区块链参与构成的新型基础结构。

第三，在区块链技术方面，这本书揭示了区块链与“数字经济”“数字化”和“人工智能”的内在关联性。本书指出：“新的数字技术层出不穷，已形成体系。现有数字技术主要由五大新技术组成，包括大数据技术、云计算技术、物联网技术（特别是结合 5G）、区块链及人工智能”“区块链 1.0 被称为数字资产，其核心为‘数字货币’；区块链 2.0 的代表是智能合约，目前主要体现为在以太坊等技术基础上实现的合约系统；而区块链 3.0 的目标应是智能社会。可以预见，未来人类社会将存在大量的智能体，人与智能体、智能体与智能体之间的关系将变得非常复杂。通过区块链技术特别是智能合约技术所建立的社会关系，将是一种新型的智能社会关系”。

第四，在区块链生态体系方面，这本书论证了“司法存证”是支撑该生态的重要维度。本书不仅提出了“产业区块链生态矩阵”的概念，还讨论了区块链在“构建普遍社会信任”和“司法存证”方面的地位：“产业区块链提供了低成本、高效率地在现代社会构建信任和信任传递网络的解决方案，并实现了社会信任的互联网级别的快速传递”“司法存证是最直接的区块链应用场景，区块链存证的法律有效性早就得到了全面的认可”“依托产业区块链的司法应用，是构建普遍社会信任的重要切入点”。所以，2018 年，我国最高人民法院印发《关于互联网法院审理案件若干问题的规定》，承认了区块链存证在互联网案件举证中的法律效力。值得注意的是，本书还深入讨论与“司法联盟链的公信性”相关的超级节点、协作管理、司法鉴定或司法公证、司法裁决与执行等相关问题。

第五，在区块链应用场景方面，这本书探讨了技术性前提并提供了产业案例。本书认为，在如何实现区块链应用与传统产业之间存在技术壁垒，而目前区块链即服务（Blockchain as a Service，BaaS）平台就是“帮助客户从业务的角度理解区块链，专注于帮助企业快速搭建上层区块链应用场景”。因为 BaaS 提供基于区块链的一系列基本操作服务，包括区块链查询、交易提交、智能合约等，提供一种新型的结合了区块链技术的云服务，利用云服务基础设施的部署和管理优势，帮助用户快速建立所需的区块链开发和应用环境，并以此实现运行。本书提出了区块链应用的五大重点领域：（1）区块链底层平台；（2）供应链金融；（3）医疗健康；（4）商品溯源；（5）社会管理。在此基础上，本书提供了包括电子政务、供应链金融、计量溯源、内容版权、智慧监理等十余个产业领域的区块链应用案例。这些案例证明了区块链的“解决方案”和“赋能”不可分割，如同一个硬币的两面。

第六，在区块链与企业家的关系方面，这本书强调了区块链关系未来企业的转型与发展。本书明确提出了如下逻辑：因为数字经济时代的到来，数字化是大势所趋，企业需要数字化转型，需要解决用户主导、技术融合、组织创新三个基本问题，否则“不仅得不到相应的内、外部投资，而且将逐步失去其市场份额，同时还将为竞争对手推动的产业区块链化而付出代价”。

为此，企业不得不引进和应用区块链；或者说，区块链是前提性技术。企业通过区块链技术，充分和有效地将数据转换为生产要素，“将市场资源整合成一个全面开放的网络结构，构建充分的信用。同时，在市场引力的驱动下，新的产业生态将促使产生协作和交易的大爆炸，实现价值的海量交易和迅速流转”。

总之，产业区块链代表了未来的一种技术和产业范式，通过分布式账本管理系统，实现产业互联网升级，形成生产要素的价值转移，推动共享经济进程。

最后，我希望读者注意到，这本书对资料的梳理是用心的，其在思想和理论以及技术方面提供的线索有助于读者进一步学习和探讨。

朱嘉明
经济学家
数字资产研究院院长

产业区块链势在必行

什么是区块链？简单地讲，区块链就是一个去中心化的分布式账本数据库，其具备去中心化、共识机制、难以篡改、智能合约等特点。这些特点能够很好地帮助营造诚信、价值分享和社群发展的环境。

近两年，区块链产业思维和创新生态逐渐发展，产业链的层次也逐步清晰起来，无论是底层逻辑架构，还是产业发展过程中的区块链技术应用，都形成了良好的开局之势。任何技术的发展都离不开产业的落地，产业的转型升级和发展当然也离不开技术的赋能。产业区块链概念的提出是区块链技术发展的必然结果。可以认为，产业区块链是真正意义上的区块链 2.0。我们一直在讲“区块链 +”，或者“+ 区块链”，都是围绕产业提出的。区块链在发展的过程中难免会产生泡沫，但泡沫会随着区块链的产业属性回归而逐渐变得可控。对于区块链的发展前景及其带来的产业革命性作用，我们将拭目以待。

产业链中的主体，包括实体企业、金融机构、服务机构和应用端，应该是协同创新的有机整体，在技术、金融、人才、市场等领域构建起协同创新的生态系统。产业链的协同创新长期存在的资源协同、诚信体系、价值体系等问题在传统互联网和商业模型中难以解决。区块链的去中心化、智能合约、难以篡改等特点，可以很好地赋能产业链的智能化、网络化、流程化，提升产业创新驱动力，推动产业链价值分享和诚信商业机制的创新，构建协同创新的产业生态体系。

区块链的行业应用广泛，目前在智能制造、人工智能、医疗、大数据、游戏、汽车、金融、社会公益、政务等各个领域都已经出现了落地的应用场景，区块链和产业发展都在各自寻求赋能和内生发展。这是技术创新带来的产业思维模式的创新，也是产业转型升级发展的必然需求。我们相信，随着区块链技术的不断发展和成熟，其为产业赋能的作用将进一步凸显。

未来，产业区块链的发展趋势是什么？那就是技术回归产业，赋能实体经济；产业协同创新，传统模式主动转变。产业领域越来越接受区块链的去中心化、信任机制和智能合约等思维模式，形成“区块链思维”。“区块链思维”越来越被产业界认同，从而带来产业发展的革命性变化。本书就是希望通过对不同产业中区块链技术的发展与应用进行探索和研讨，启发读者对产业区块链的思考和应用。

谢吉华
国家技术转移东部中心总裁
上海区块链技术协会会长

为了贯彻落实党中央“加快推动区块链技术和产业创新发展”的战略部署，帮助企业界适应第四次产业革命背景下的高质量发展要求，我们集体撰写了这本以区块链技术赋能实体经济创新发展的实操性普及读物。

本书第 1 章由文华撰写；第 2 章由李波撰写；第 3 章由萧疆（第 1 节）、叶新江（第 2 节）、赵焕（第 3 节）、龚继文（第 4 节）撰写；第 4 章由蒋晓军（前 2 节）、朱立（第 3 节）、相里朋（第 4 节）撰写；第 5 章和第 6 章是产业区块链应用的成功案例，由文华、蒋晓军主持调研，龚继文、郭亮、邢梦昆、刘祖源、刘音序根据调研材料整理而成。

本书的调研和写作先后得到了以下单位、个人的大力支持与帮助：上海临港科技创业中心总经理、国家技术转移东部中心区块链产业中心主任屈林，上海临港科创研究院的宋玮、胡捷、尤浩、汪洋、都娟，粤港澳大湾区区块链协会的宁李艳、郑绮婷，南沙区块链协会的韩红英、何英琪、毛伟，中国软件协会区块链分会专委会主任邹均，量子信息与区块链技术智库中心筹备组负责人崔毅，深圳区块链技术与产业创新联盟发起人曾凯，以及徐旌原、吴小川、封晓骏、郑晓阳、林少丹、胡雪强、袁慧、谢日斌、许中阳、宣松涛、李平、陈海峰、张学渊、倪国英、龚海瀚、马克、罗劲鸿、元岳、潘海谊、陈曦、龙鳞，等等。

限于篇幅及体例，一些专家和企业提供的材料未能采用，对于他们给予的默默支持，我们铭记在心。

最后，本书写作过程中，由于时间仓促，加上作者水平有限，书中难免有纰漏，恳请广大读者批评指正！

目录 Contents

第1章 产业区块链与新时代企业家

第2章 揭开产业区块链的大幕

第3章 产业区块链的生态矩阵

第4章 产业区块链的应用模式与落地途径

第5章 金融、政务领域的区块链应用落地案例

第6章 其他领域的区块链应用落地案例

第 1 章

产业区块链与新时代企业家

当下全球经济发展遇到瓶颈，贸易摩擦愈演愈烈，以美国为首的一些西方国家对我国企业采取了各种限制措施。例如，美国联邦通信委员会（FCC）对华为和中兴的设备发文禁用——禁止华为和中兴的设备出现在FCC的通用服务基金（USF）资助项目中，该文已于2019年11月22日刊发并生效。虽然我国经济仍然保持了较好的发展态势，但面对这些复杂的情况，迫切需要我国经济发展能够实现转型，走高质量内涵式发展的道路。

包括物联网、大数据、云计算、人工智能、5G等在内的一系列新技术开启了一个全新的科技发展时代，为全球和中国的经济发展注入了新的活力。近几年，快速发展的区块链技术更是其中的后起之秀，为实体产业带来了大量有效赋能的成功经验，并将为我国社会经济的融合发展带来全新的机遇。中共中央政治局第十八次集体学习以区块链技术为主题，充分表明了党中央对新技术发展的重视。

因此，如何领悟区块链思想的精髓，把握区块链产业赋能的方向，顺应时代的大潮，对于我国的很多企业家来讲，确实是一个新的挑战。了解和掌握区块链产业应用的发展脉络和背景知识，加快企业创新和产业模式的升级换代，是新时代企业家们的当务之急。

1.1 区块链产业化发展的发令枪

区块链是一种由多方共同维护，使用密码学技术保障传输和访问安全，能够实现数据一致存储、难以篡改、防止抵赖的分布式记账技术。20世纪70年代以来，随着密码学技术、分布式网络、共识算法以及硬件存储计算能力的飞速发展，通过技术手段实现多主体间建立共识的条件日趋成熟，为解决多主体环境下的中介机构信任风险、降低交易成本、提升协同效率提供了全新的解决思路。

1.1.1 区块链产业化战略布局

当前，区块链正在成为全球技术发展的前沿阵地。区块链技术应用已经覆盖到数字金融、物联网、智能制造、供应链管理、数字资产交易、电商等多个领域，全球主要国家都在加快布局区块链产业发展。

在推动区块链产业化布局方面，我国正走在世界前列。2019 年 10 月 24 日，中共中央政治局第十八次集体学习专门聚焦区块链，并深刻分析了当前我国区块链技术的发展现状，明确强调了要加快推动区块链技术和产业创新发展，具体从以下六个方面指明了方向：

（1）要强化基础研究，提升原始创新能力，努力让我国在区块链这个新兴领域走在理论最前沿，占据创新制高点，取得产业新优势；

（2）要推动协同攻关，加快推进核心技术突破，为区块链应用发展提供安全可控的技术支撑；

（3）要加强区块链标准化研究，提升国际话语权和规则制定权；

（4）要加快产业发展，发挥好市场优势，进一步打通创新链、应用链、价值链；

（5）要构建区块链产业生态，加快区块链和人工智能、大数据、物联网等前沿信息技术的深度融合，推动集成创新和融合应用；

（6）要加强人才队伍建设，建立完善的人才培养体系，打造多种形式的高层次人才培养平台，培育一批领军人物和高水平的创新团队。

这六方面内容覆盖了区块链技术发展的各个重点，对于区块链技术的产业化和相关产业应用的赋能升级具有非常重要的意义。

1.1.2 对经济社会发展的全面推动

结合未来中国的经济发展方向，区块链将在多方面发挥巨大的作用。

（1）推动产业模式升级

区块链技术与其他前沿科技一道，结合政、产、学、研、投等各方面的资源协同攻关核心技术，在虚拟技术与实体经济深度融合中打造出信息共享、公平公正的新营商生态环境。新环境将实现各行业之间的有效信息沟通，促进生产要素的高效流转，加快新旧动能的转变，推动供给侧有效改革。

（2）推动产业绿色发展

在进入经济新常态的今天，科学和绿色的经济发展模式将成为主流，环境与生态保护将成为关键指标。在产业发展的过程中应用区块链技术，让国家的政策导向和精准帮扶能够高效有力，提升治理水平；让企业的发展方向符合国家产业政策的导向，满足监管政策的要求；让生产过程透明可追溯，构建更有效的产业链协同和生态共建；让绿色生态环境和绿色食品成为社会的事实标准，从而在根本上让人民群众享受经济发展的成果，让大家的生活有更多的获得感。

（3）推动技术创新协同

区块链技术的发展将推动信息互联向价值互联快速进化，实现信息流、业务流、人才流、物流、资金流的全面融合。近年来，大数据、物联网、人工智能、云计算、量子通信、最新移动通信、虚拟现实等新技术都有了快速的突破。如何形成可持续的技术发展闭环，让这些新技术能够互相协同，形成有效的商业模式，区块链技术当仁不让地成为其中的关键环节。

（4）推动社会治理改革

区块链技术可以广泛应用于民生、经济、社会治理等多个领域。应用区块链技术，可以提高政府办事效率，减少人民群众碰到的“办事难、办事慢”的情况；可以实现政务公开，让老百姓能够深入参与到政府的决策当中；可以与金融结合，提高金融服务效率，减少金融风险；可以充分发挥其难以篡改、分布式存储的特点，推动司法内容存证、社会信用建设、知识产权保护等方面的发展。

因此，加快区块链技术创新，深化区块链技术与实体产业融合，对于产业模式升级、社会治理水平的提高都有十分重要的意义。

1.2 全球格局与中国区块链定位

随着全球第四次产业革命的不断推进，对区块链技术产业化的需求日趋明显。回溯近现代历史，18 世纪的第一次产业革命推动人类社会进入了蒸汽时代，19 世纪的第二次产业革命使人类社会跨入了电气时代，20 世纪中后期的第三次产业革命使全球进入信息时代，实现信息互联。

如今世界正处在第四次产业革命当中，其标志为通过融合大数据、物联网、人工智能、云计算、量子通信、最新移动通信、虚拟现实和区块链等关键技术，构建实体与虚拟网络互联互通的新一代产业体系。历史早已证明，每一次新的产业革命都会带来国际政治格局的重新洗牌。

由于历史原因，我国在前几次产业革命中没有跟上世界的步伐。但是，自改革开放以来，我国的综合国力不断增强。特别是在21世纪的今天，由于多个产业方向的关键技术已在全球范围内达到了前沿水平，我国已经具备了未来加速发展区块链技术、全面推动产业互联的可能。

1.2.1 国际顶尖机构对区块链发展的研判

要想理解区块链技术在第四次产业革命中的作用，我们可以参考国际顶尖机构对区块链发展的研判。对于未来区块链技术的发展，相关企业虽然对其商业价值的侧重点有所不同，但都倾向于认可区块链技术具备颠覆未来商业模式的潜力。

J.P. 摩根在其2018年发表的《区块链和去中心化革命》一文中指出，针对企业的区块链技术从2018年开始已逐步从“实践论证”阶段向“产业化”阶段演化，并且大规模的区块链生态系统已经形成。J.P. 摩根在其2018年的区块链报告中总结了区块链技术的五大长期优势：

（1）降低成本；

（2）增强流动性；

（3）增强安全性；

（4）提高效率；

（5）增强透明性。

同时，J.P. 摩根也指出了区块链技术的三大短期障碍：

（1）需要大量投资建设新底层系统；

（2）面临诸多技术挑战（包括可扩展性、数据隐私、标准化、执行速度、与现行系统的整合等）；

（3）政策风险。

2019年，德勤公司对全球范围内12个主要国家和地区的企业高级执行官进行问卷调查，发现这些高级执行官基本形成了如下共识：区块链技术能在许多行业中成为商业问题的实际解决方案，区块链的价值已不再只是展望。同时，问卷调查结果显示受访者对区块链总体持乐观态度，86%的受访者认为区块链技术将最终成为主流。53%的受访者将区块链技术置于公司前五的发展策略方向。其中，中国受访者的这一比例最高，达到73%。德勤在其2019年的调查问卷报告中认为，金融业将是拥抱区块链的先行者，也是推动其发展的最主要力量。

2018年的达沃斯世界经济论坛专门推出了区块链白皮书，一方面向人们警示由区块链热潮引发的一部分泡沫，另一方面也肯定了区块链技术对产业的实用价值。该白皮书指出，企业家应该从商业需求出发，思考区块链的独特优势能否产生商业价值。

高盛在其2016年的区块链研究报告中预测，区块链技术将在未来的2～5年内出现小规模的市场应用，并在未来5～10年获得市场的广泛认可。该报告认为，区块链技术的主要商业价值在于其透明、安全、高效的特性；区块链技术能有效地帮助被低效率问题困扰的企业，改变其商业模式。

与之类似，麦肯锡咨询公司在其2018年的区块链研究报告中指出，成规模的实用性区块链应用大概率会在3～5年后出现；而短期来看，区块链技术的商业价值则主要在降低成本上。

普华永道也在其 2017 年的区块链研究报告中预估，区块链技术将会在未来 5 年内被广泛运用；其 2019 年的报告进一步指出，不少企业已经开始面向市场推出区块链产品。与高盛、麦肯锡的报告不同，普华永道的报告侧重于区块链溯源和智能合约方面。

IBM 则将重点放在了区块链云计算平台的架构上，将区块链应用视为其云计算业务最重要的增长点。

1.2.2 中国区块链发展前景广阔

随着区块链技术的不断成熟与发展，全球区块链市场已经初具规模。综合分析上述国际顶尖企业的区块链技术观点，并进一步参照多方数据进行研判，我们可以进一步明确目前中国区块链的实际基础及其在全球的相对优势。

据中国电子报 2019 年 11 月的报道，2018 年的全球区块链市场规模已达 122.6 亿元，其中规模最大的是美国（36%）。虽然目前中国的市场规模与美国有一定差距，但保持着十分强劲的增长势头。

从区块链投资规模来看，中美之间的差距已显著缩小。根据 CB Insights 公司 2019 年 7 月的研究报告，2014—2019 年，全球区块链投资额的 30% 在美国，排名第一；其次为中国，占总额的 15%。而在全球区块链专利数量方面，中国已经反超美国。截至 2018 年，在已提交的区块链相关专利中，41% 来自中国，排名第一；其次是美国，占 32%。总体来说，在全球区块链竞赛中，中国市场有非常大的成长空间，中国自主的区块链技术与相关行业企业也在迅猛发展。

1.3 新时代企业家的历史机遇

区块链作为核心技术自主创新的重要突破口，必然要和各行各业深度融合、协同发展，成为政府、企业家、民众共同关注和参与的新方向。

新时代的企业家需要直面历史大趋势，迎接挑战，实现转型升级。区块链技术以其独特的优势，不但为企业家带来了难得的发展机遇，更为他们提供了很好的抓手和突破利器。在过去的20多年中，互联网全面融入社会生产生活和经济发展，引领世界发生了巨大变革，充分显示了新技术对传统产业带来的颠覆性影响，以及伴随出现的猛烈的跨界打击和降维打击。新兴区块链技术的迅猛发展获得了大量社会资源的支持，是否会像当年互联网创新一样给传统产业带来改变和颠覆，这是每一位企业家都需要深思的地方。

由于技术的历史局限，互联网世界的公平性、价值性、安全性等基础问题，长期以来都未得到圆满解决，甚至由此派生出许多危害公共治安、社会伦理、国家安全的问题，造成了很大的社会影响。因此，在互联网世界内部也需要一场深刻的技术变革，这比过去任何时候都显得更加必要和迫切。

区块链的技术特性恰好能顺应这种需求。从本质上讲，区块链就是新一代的高效治理架构，其核心是基于多种技术组合而建立的激励约束机制。它通过集成分布式数据存储、点对点传输、共识机制、加密算法等技术，对计算模式进行颠覆式创新，大幅提高了“作恶”门槛。此外，区块链的价值发掘机制推动“信息互联网”向“价值互联网”“信任互联网”变迁，从而充分挖掘各产业内部的积极力量，进而实现更加良性的治理架构，有效赋能国家治理体系和治理能力现代化建设。因此，区块链技术确有可能引起一场全球性的技术革新和产业变革。

与其他技术一样，区块链同样有其自身发展的客观规律。受内外因素的综合影响，区块链技术也需要不断更新迭代，使性能更成熟、稳定。区块链技术需要在与其他技术逐渐融合、与上层建筑反复磨合之后，才能实现广泛应用。此外，发展区块链也将面临监管上的挑战。从近些年对各种炒作行为的打击到对各种安全合规性的要求，有效地实施监管必定是前沿技术走向大规模应用所必然面临的过程。

全球科技创新正处于空前密集活跃的时期，目前世界主要国家都把信息技术作为谋求竞争新优势的战略方向。围绕信息技术制高点的国际竞争已日趋复杂化、白热化，甚至与贸易争端、外交博弈、军事角力相交织。区块链等前沿信息技术的发展情况与未来的国际竞争格局密切相关，如果不能快速发展区块链技术，就有可能陷入长期落后的危险。

显然，我国将会走在全球区块链发展的前列，新时代的企业家也将会直面产业区块链的到来。产业区块链应用即将在国家大力扶持、社会普遍关注的情况下，在各行各业逐步深度融合并开始大面积落地，我国企业家们应当抓住区块链技术发展的重要机遇，勇立潮头，锐意进取，把握先机，真正占据自身产业发展的领先地位，并更上一层楼！

第 2 章

揭开产业区块链的大幕

产业区块链是基于区块链的技术和商业模式，对各垂直行业的产业链和内部的价值链进行重塑和改造，从而形成的价值互联网形态和行业生态。产业区块链的提出既是偶然也是必然，其概念源于人们对产业互联网的理解，并进而将区块链技术所对应的价值互联网的理念与产业相结合，形成了产业区块链的思想。从产业区块链入手，我们可以很好地理顺区块链技术、企业管理与产业经济之间的关系。

从技术角度讲，区块链的本质是人工的市场智能。产业区块链无疑是区块链赋能实体经济的最佳通道，也是新技术推动社会变革的新场景。

从企业角度讲，企业家在推动企业发展的过程中利用产业区块链，无疑是企业脱颖而出的新机会。

从国家角度讲，推动产业区块链的发展，无疑是国家竞争力系统提升的最佳着力点，是国家产业提升的新抓手。

2.1　新技术推动社会变革的新场景

为什么说产业区块链是赋能实体经济的最佳通道，也是新技术推动社会变革的新场景？

因为区块链的本质是市场智能，市场智能的构建比人工智能更加复杂，也将有助于形成更公正和更高效的市场。在公有链、私有链、联盟链的选择中，运用联盟技术的产业区块链是最成熟且务实的技术应用场景，最契合构建智慧社会的三要素。

2.1.1 市场智能

市场智能包含个体之间的认知，以及实现个体之间的数据和资产交换。以围棋人工智能程序 AlphaGo 为代表的人工智能使个体可以更好地进行决策，而市场智能则使所有个体都达到共赢。如果用区块链这样的信息基础设施改造市场和组织，则会使交易更公正、效率更高，会形成价值的互联网和“高速公路”。

但是，这样的区块链技术仍然需要特定的数学原理才能成功运转。市面上已有的区块链著作主要侧重于数据加密和存储层面，而没有过多考虑去中心化后如何高速、有序地运转。如果要构建能真正包容所有实体经济和虚拟经济的区块链基础设施，就必须掌握最核心的原理，从而在算法中实现。

2.1.2 区块链是基础设施

区块链是使用分布式账本来建立基于计算机算法的、去中心化的人工市场，它被誉为下一代的人工智能。人工智能是试图了解个体智能的实质，并生产出一种新的、能以与人类智能相似的方式做出反应的智能机器；而区块链试图掌握市场智能的实质，并创造出一种新的、能以与市场智能相似的方式做出反应的人工市场。

在数字化时代，这将是交易成本最低的基础设施：让计算机能够从事一些过去只有人脑才能完成的交易工作，从而解脱人的一部分繁重的脑力劳动。以 AlphaGo 为代表的人工智能侧重于发展生产力，而以区块链为代表的市场智能侧重于改造生产关系，形成更聪明的数字化企业，构建更公正和更高效的数字化市场。

从狭义来说，区块链是所有交易的公共总账，由按照时间顺序记录了交易的数据区块的链条所组成。从广义来说，区块链是基于计算机算法的人工市场，是协调所有交易、实现共赢的中枢神经系统。未来，包括商品交易、服务交易和金融交易在内的所有交易都将在区块链上进行，而不仅仅是“数字货币”的发行和支付。这将更好地促进经济的转型和升级，从而造就更聪明和更强大的企业，形成更公正和更高效的市场。

2.1.3 联盟链技术与产业区块链

区块链有私有链、联盟链和公有链之分。私有链是由一个公司的内部节点组成的区块链，通常由单个公司组建和维护，不存在中心节点，但是拥有一个会计核算中心。联盟链是由多个企业和机构、一个产业或一个行业的多个节点组成的区块链，由多个关联节点组建和维护，不存在中心节点，但是拥有多个会计核算中心。公有链是由经济体内部的开放节点组成的区块链，不存在中心节点，但是拥有货币发行和流通的能力。

目前，全球各主要经济体都普遍认为：联盟链技术可以广泛运用于产业区块链的构建上，而产业区块链的构建可以维护社会公平正义、产业高效发展，又不至于对国家管制权（特别是铸币权）产生影响。

2.1.4 构建智慧社会的三要素

建设智慧社会需要把握的三大要素分别是技术、思维及伦理。

智慧社会的相关技术主要包括两大类，第一类是人工智能技术，第二类是区块链技术。人工智能技术的目的是实现物的智能化，可以将目前人们使用的大量电子产品变得更加智能和友好，使用也更加便利。通过区块链技术，人们可以实现关系的智能化。当然，这里指的是更高层级的区块链技术。区块链可以被划分为三个层次：区块链 1.0 被称为数字资产，其核心为“数字货币”；区块链 2.0 的代表是智能合约，目前主要体现为在以太坊等技术基础上实现的合约系统；而区块链 3.0 的目标应是智能社会。可以预见，未来人类社会将存在大量的智能体，人与智能体、智能体与智能体之间的关系将变得非常复杂。通过区块链技术特别是智能合约技术所建立的社会关系，将是一种新型的智能社会关系。可以说，人工智能和区块链是密切关联的两种技术，两者可能会在未来日益融合，共同推动智慧社会发展。

智慧社会的相关思维主要包含两个方面，一是数字思维，二是智能思维。数字思维需要我们从数字的角度理解社会的存在，还要求我们善于用量化的方法来看待事物、分析问题，更加精准地把握事物发展的规律。智能思维要求我们用智能的视角看待和理解事物。当一个行为反复、大量出现时，我们就需要考虑能否通过设计智能程序来解决这类重复性行为。能否形成智慧社会的相关思维，将在很大程度上影响智慧社会的建设成效。

建设智慧社会需要相关技术支持，具有高度的技术依赖性。同时，算法在将来也变得更加重要。当大量决策需要依靠算法来决定时，就要思考算法背后的逻辑结构与社会伦理意义。我们要冷静看待技术带来的社会影响，制定相应的政策来管理技术可能形成的社会风险和伦理冲突，用新的技术来解决社会问题，而不是增加新的社会问题。我们要充分考虑技术伦理问题，通过一系列制度设计来规避社会伦理冲突，使新技术可以更好地促进社会公平正义。

2.2 企业脱颖而出的新机会

为什么说从企业角度讲，企业家在推动企业发展的过程中利用产业区块链，无疑是企业脱颖而出的新机会？

因为运用产业区块链能够对目前的产业生态进行改进，提升监管和保障能力，从而将市场资源整合成一个全面开放的网络结构，构建充分的信用。同时，在市场引力的驱动下，新的产业生态将促使产生协作和交易的大爆炸，实现价值的海量交易和迅速流转。

2.2.1 数字新技术

新的数字技术层出不穷，已形成体系。现有数字技术主要由五大新技术组成，包括大数据技术、云计算技术、物联网技术（特别是结合 5G）、区块链技术及人工智能技术。

其中，大数据为数字资源，云计算为数字平台，物联网为数字传输，区块链为数字信任，人工智能为数字智能，五大新技术相互融合实现万物互联、在线和智能。数字技术是新的数字基础设施。同时，数字化需要数字安全技术，共同保障数字化的持续发展。

2.2.2 网状协作

个体之间的网状协作包括商品的互通有无、劳动的雇用协作和金融的互联互通。在历史上，农产品、工业品、劳动和资金都依次被商品化，从而成为个体之间协作的基础。在市场的条件下，每个人不再单打独斗，而是能不断地利用他人的物质、劳动和资金成果。这种协作不是由某个至高无上的中心来安排的，而是由市场这个无形的手在价格信号的基础上进行推动的。

在数字资产时代，经济和财富越来越依赖于大量且有效的网状协作关系。例如，Airbnb 就是一个新创建的人工市场，它依赖 Airbnb 系统平台中大量的网状协作关系。这种协作关系不仅适用于消费关系，也适用于雇用关系（如猪八戒平台）和投资关系（如众筹平台）。这些协作关系由算法程序驱动，并最终表现为大量的交易关系，即节点之间的各种合同关系。通信和网络技术实现了账户和使用人之间充分、高效和实时的联系。海量自动化和智能化的交易将极大地提高协作的数量与质量，并且将直接体现为社会的经济财富。

2.2.3 数字化企业

企业数字化转型的重心是提高数字化能力，对此应集中解决三大关键问题。

首先是用户主导。数字化商业模式是用户主导企业，企业的一切都围绕用户需求，企业要从经营产品转向经营用户。

其次是技术融合。在企业内外部互联化和企业业务在线化的基础上，围绕业务场景将数字技术与专业技术交互融合，即 DT 与 OT 的深度一体化。在决策层应用数据与算法提供智能解决方案，在执行层应用数字技术实施解决方案。在数字化过程中，既要发展产业互联网，也要发展好价值互联网。

最后是组织创新。数字化要求企业进行组织创新，将层级型组织转向平台型组织，以产业区块链的思维来构建产业生态。按照任务与项目实施“区块链+”的自驱动组织，这是个体力量崛起的必然要求。

实际上，在当前全球经济下行的状态下，企业如不拥抱以人工智能与区块链为代表的新技术，则不仅得不到相应的内、外部投资，而且将逐步失去其市场份额，同时还将为竞争对手推动的产业区块链化而付出代价。

2.3 国家产业提升的新抓手

为什么说从国家角度讲，推动产业区块链的发展，无疑是国家竞争力系统提升的最佳着力点，是国家产业提升的新抓手？

因为国家竞争力要提升，其主导产业的竞争力提升是关键，而主导产业竞争力的提升应以数字化为重点，发展数字新业态，享受数字红利。而在数字化的进程中，“人工智能+”与“产业区块链”则是最主要的抓手。

2.3.1 国家竞争力

国家竞争力（National Competitiveness，NC）就是国家更多、更快、更好、更省、可持续地创造财富的能力。国家竞争力的测算指标包括经济总量、经济效率、经济结构、发展潜力和创新能力五个方面。

在全球化的环境里，过去那种自主发展的模式已经不复存在了，各国必须竞争才能发展。政府在国家竞争中扮演关键的角色。如果政府能在全球化的经济中知己知彼，准确把握经济发展方向，创造出有利于经济发展和私人企业获利的经济环境，该国就能在国际经济竞争中立于不败之地。

2.3.2 主导产业

根据罗斯托的观点，主导产业是指能够依靠科技进步或创新获得新的生产函数，能够通过快于其他产品的“不合比例增长”的作用有效地带动其他相关产业快速发展的产业或产业群。他认为，作为主导产业，应同时具备以下三个特征：能够依托科技进步或创新，引入新的生产函数；能够形成持续高速的增长率；具有较强的扩放效应，对其他产业乃至所有产业的增长起着决定性的影响。主导产业的这三个特征是有机整体，缺一不可。这类产业往往既对其他产业起着引导作用，又对国民经济起着支撑作用。

2.3.3 数字新业态

数字经济推动新模式、新业态的不断发展，集中起来主要表现为平台经济、共享经济、生态经济和社群经济等，其共性体现了经济服务化的大趋势。

第一是平台经济。平台是数字经济的基本载体，它包括以供应链为主导的企业平台和以产业为主导的行业平台，通过整合资源与能力进行全方位服务。

第二是共享平台。从独占到共享是资源革命，其服务方式主要有生活共享、生产共享和知识共享等。

第三是生态经济。产业生态组织是产业发展的新方向，企业在产业生态体系中实现共生共创共担共享，成为自主发展的新型自组织。

第四是社群经济。社群是具有共同价值观人群的自由联合体，网红和微商成为社群的主体，充分发挥社群的组织作用将创造出全新的价值。所有新模式、新业态都要成为数字化能力中心。

数字红利

数字经济是先进生产力，具有巨大的数字红利。根据联合国专家的数字模型，当一个国家、地区、城市的数字化水平超过 75%，在不增加投资的情况下，其 GDP 将是原来的 3.5 倍。根据智能制造示范企业的实践，实施企业全面数字化，三年后价值创造能力将提高 3 ~ 5 倍。

传统经济中广泛存在“四不”现象，即不连接、不匹配、不协同、不及时，致使价值大大流失。数字经济由于网络协同和数据智能，使系统获得最优解，从而达到“精准、高效、即时、预判”的优化状态，从而大大提升了经济效率，这便是数字红利的机制所在。

数字经济“三化”

数字经济包括数字产业化、产业数字化、货币数字化。首先是数字产业化，发展数字产业主要有数字硬件业、数字软件业及数字服务业。其次是产业数字化，所有产业包括农业、工业、服务业都要数字化。实施“产业区块链”和“人工智能+”，数字技术与实体产业相融合，将重组产业组织，重构产业生态，大幅度提升价值创造能力。最后是货币数字化，货币数字化有两大类，即货币电子化和“数字货币”，发展“数字货币”势在必行。整个金融产业都要率先实现数字化。

第3章

产业区块链的生态矩阵

随着互联网的普及，信息交流传递的成本快速降低，效率大幅提升。互联网造就了现代社会的基石——信息实时同步传递。信息本身不具备价值，但当信息结合信任，产生公信力，便具备了价值。就如一张 100 元的借条（信息），当获得双方签字画押（信任）时，便有了价值。可以说，信任是铆接信息和价值的螺钉。对于产业而言，区块链的核心应用则是极大地降低了信任关系交流传递的成本，提高了效率，即构建起了信任传递网络。

因此，当互联网遇到区块链时，可信信息的自由传递也就构成了价值传递网络。随着区块链技术的普及，新一代互联网将会使信任和价值犹如信息一般在网络间自由交流传递，企业间的隔阂也将会随之打破，真正实现产业互联。信任和价值传递网络的构建也将会如信息互联网的诞生那样，对许多传统商业逻辑造成降维打击，并催生新的业态、新的独角兽。

3.1 构建普遍社会信任：从司法存证开始

社会信任是非常珍贵的，它要在长期的社会运行中一点点积累，然后又分散在各处。所以，社会信任又是非常离散的，既难以形成集体共识，更难以传递。构建普遍的社会信任，不但十分艰难，也绝非一朝一夕可以实现。失去社会的信任，法律条文只是一串串晦涩的文字，而基于法律条文的商业合约也只能是一张张精美的废纸。

产业区块链提供了低成本、高效率地在现代社会构建信任和信任传递网络的解决方案，并实现了社会信任的互联网级别的快速传递。

司法本身就是强信用应用领域，和老百姓有密切的关系，是全社会普遍信任的重要基础，更是其他领域和行业信任的基本支柱。司法存证是最直接的区块链应用场景，区块链存证的法律有效性早就得到了全面的认可。2018 年 9 月 7 日，我国最高人民法院印发《关于互联网法院审理案件若干问题的规定》，承认了区块链存证在互联网案件举证中的法律效力。目前，包括北京、杭州、广州等在内的至少 7 省市的法院都构建了区块链电子证据平台，法律存证数量正在飞速增长。

依托产业区块链的司法应用，是构建普遍社会信任的重要切入点。只有在普遍社会信任的基础上，才能实现更进一步的价值传递和产业互联。

3.1.1 区块链司法存证的行业现状

司法系统的公信力建立在事实认证的基础上。随着互联网时代的到来，电子证据广泛应用于刑事犯罪、民事纠纷案件的审理过程中。传统的存证方式面对日益增长的电子数据存证需求，逐渐显露出成本高、效率低、采信困难等不足。

此外，在司法实践中，当事人普遍欠缺举证能力，向法院提交的电子证据质量较差，存在大量取证程序不当、证据不完整、对案件事实指向性差等问题，直接影响到电子证据在诉讼中的采信比例。

电子数据存证的关键在于如何实现电子数据信息被安全可靠地存储，不会丢失且不被篡改。在司法应用中，为了使电子数据成为有效的电子证据，对电子数据存证的要求也更为具体和严格，即对于电子证据的核心需求是“数据电文的原件形式”，要求确保电子证据的原始性、真实性，以及事后可追溯、可验证。同时，电子数据的存储平台或机构必须完全独立和中立，而且存证的整个过程和采用的技术必须可信、可靠。

区块链的本质是链上各方共同见证和维护的分布式账本，其技术逻辑的核心基础便是数据存证。区块链技术特有的难以篡改、不可抵赖、多方参与的特性，与电子数据存证的需求天然契合。在司法存证的应用场景中，各相关司法部门均有司法存证与司法数据共享的需求。因此，在三类区块链（公有链、联盟链和私有链）中，以联盟链为第一选择。以区块链技术将司法数据和类似的有效性数据在各司法部门间共享与应用，就促成了司法存证联盟链（简称“司法联盟链”）的应用场景。

为了保证司法联盟链的公信性，司法联盟链应由各相关司法部门作为超级节点，协作管理；链上存证数据可经过司法鉴定或司法公证赋予其司法有效性，按流程通过司法联盟链直接接入后续司法裁决与执行的业务应用中，从而大大提高司法服务的效率和社会普及程度。联盟链与电子数据存证的结合，可以降低电子数据存证成本，方便电子数据的证据认定，提高司法存证领域的诉讼效率。因此，搭建以区块链存证为基础的多部门协作的司法联盟链是被行业专家公认为最好的一个应用场景。

3.1.2 联盟链存证的技术优势

区块链技术利用分布式算法建立了强大的信任和价值传输网络。在这样的网络中，信息公开、透明、完整且难以篡改。这使联盟链网络完美地契合了电子数据存证的应用需求。以下是联盟链数据存证的五大重要技术优势。

电子身份认证

顾名思义，电子身份就是人在电子世界中的唯一身份证。将电子身份信息存储在联盟链中，系统就可以使用各种验证手段来校验人的身份，如验证指纹、虹膜、语音等。在联盟链中记录电子身份是其他电子数据有效性的基础保障。电子身份认证可以通过权威机构信息认证、大数据、人工智能方式对行为人的真实性进行验证，也可以直接在联盟链上进行。这将成为最具有公信力的电子身份认证。

时间戳服务

联盟链能为每一份数据生成对应的时间戳，以证明某个数据的产生时间。在实际应用上，它可以使用在包括电子商务、金融活动的各个方面。时间戳作为证据使用具有权威性和可信赖性，符合《电子签名法》的要求，在法律上具备证明效力。

数据加解密

数据加解密是联盟链技术的核心功能之一，通过加密算法将数据明文转换成密文，只有拥有解密权限的人才可以将密文恢复为明文数据。数据加解密应用在数据的传输、存储环节，以保证数据在传输、存储中的安全性。加解密也是电子数据存证系统对于数据隐私保护的重要支撑。

数据存储

联盟链数据存储系统使用安全的存储方式，能同时处理大量数据，并且动态地扩大数据容量。存证链上的数据具有高度保密要求和个人隐私性，这也是将联盟链存证推向社会应用的重要技术前提。

智能合约

联盟链可以生成智能合约，以代码的方式实现商业合约的制定和执行。智能合约由合约参与方共同制定和维护，一旦部署则自动执行。这样极大地降低了人为干扰和人工成本，提高了执法效率。智能合约技术为联盟链用于复杂业务场景、支持垂直行业业务提供了支撑。

3.1.3 横向主链聚焦司法应用

在司法行业内，司法结果、案件最终定性多由法院产生。因此，流经法院的数据受到了更多关注。这导致多数从业者误认为司法联盟链就是法院数据上链存证。实际上，司法联盟链是集合鉴定、公证、仲裁、审判等众多司法部门业务链条于一体的联盟区块链。司法联盟链的横向主链覆盖了以下司法应用场景。

司法诉讼

应用区块链技术将诉讼服务过程中的电子材料、业务数据、用户行为等信息进行固证，可以防篡改、可验真、可追溯，确保诉讼服务数据的生产、存储、传播和使用全流程安全可信，从而提升电子诉讼服务的权威性、专业性和司法公信力。将当事人进行网上立案、网上交费、网上开庭、证据交换等诉讼活动的登记信息、电子材料、操作行为全部记录到区块链，相关信息随时验真、追溯，从而提升线上电子诉讼服务的公信力和效率。

公证应用

建立区块链数据存证中心，可以帮助公证机构以其专业和技术手段，对数据进行固定、留存、收集、提取、传输，并存储在该处的数据保管平台中。整个过程无缝衔接，确保数据不会丢失、不可更改。对于已经存储在电子数据保管平台的数据，当事人可以一键申请公证，由公证处系统精准提取数据、快速出具公证书，从而大大提升数据的证明力和时效性。公证机构开展电子数据存证业务，可以同时在线下（存证）和线上（网上存证）进行。拓展到线上后，可以实现将被动、非实时保全证据公证转为主动、实时保管证据，将公证职能向前延伸，真正体现公证的预防性价值。

更多司法应用场景

区块链技术可用于构建公安、检察院、法院、司法局等跨部门办案协同平台。各部门分别设立区块链节点，互相背书，实现跨部门批捕、公诉、减刑假释等案件业务数据及电子材料数据全流程上链固证、全流程流转留痕，保障数据全生命周期安全可信和防篡改，并提供验真及可视化数据分析服务。通过数据互认的高透明度，有效消除各方信任疑虑，加强联系协作，极大提升协同办案效率。

3.1.4 纵向子链辐射产业和社会

司法联盟链可衍生出众多细分社会应用，这些应用均可以纵向子链的形式直接接入司法存证的横向主链，利用司法联盟链的可信数据来提升业务公信力，提高业务效率。现将有代表性的应用场景列举如下。

电子合同

基于区块链构建的电子合同签署服务，可以实现合同签署的全流程存证。通过和互联网法院、公证、司法鉴定中心、仲裁等机构进行数据对接，该服务可大大提升合同和存证的可信度和司法的有效性。

文书和档案管理

政务、企业管理、医疗机构、教育机构的信息化过程涉及大量文书和档案的管理，目前管理中面临着电子化程度不高、单点存证、集中管理的问题。

通过区块链，电子文件归档和电子档案管理可以安全、分布式地进行存证及验证，从而提升文书和档案的安全性与可信度，并可以进一步减少纸质文档，促进文书和档案的电子化。基于区块链进行管理，在文书和档案的流转过程中，可以保证内容真实可靠；在文书和档案的存储过程中，可以防止文书和档案数据被非法访问、篡改和盗取；在安全可信的前提下，可以让文书和档案信息在管理单位、使用单位和公众个人之间高效利用，提高文书和档案的利用价值。基于区块链可以对文书和档案的全生命周期进行管理，覆盖文书和档案的归档、保存、利用、共享、移交、销毁等环节，实现安全体系和共享机制建设。

版权保护

通过基于区块链的版权保护，可以构建数字内容版权新业态，提供版权确权、版权交易和版权维护等服务。其包含以下两个主要场景。

（1）侵权存证

侵权存证可以分为两类。第一类是侵权结果状态的取证，此时可对侵权的网页进行存证，对侵权行为的时间可进行查询、追溯。第二类是对侵权行为过程取证，这属于动态的证据固化过程，需要有相关环境镜像系统进行配合，将证明过程通过可视化的方式展示出来，时间段可查询、可追溯、可验证。当发现侵权行为时，快速调用版权服务中的侵权取证接口，对侵权网站进行页面抓取取证，并将取证结果保存在联盟链中；系统对侵权 URL 地址进行域名解析，通过预言机服务将 URL 对应的侵权内容进行存储，并生成可供第三方检测的存证过程合理性证据，将侵权行为固化为证据进行保存；固化后的证据保存在区块链中，数据永久存储且难以篡改，符合法律对电子证据的要求。

（2）确权存证

确权类存证场景分为两大方面。第一，知识产权权属证明，应用于版权证明、权利在先证明等领域，是对作品数据进行保护的行为，类似于著作权备案登记。第二，平台公告证明，或就发出过公告的行为以及对公告内容本身进行存证，对相关证据提取哈希、数字摘要并对时间进行固化。确权类存证过程中的关键在于证明当事人在某一时刻完成了某内容或进行了某行为，且该时间及内容均难以篡改。

遗嘱存证

通过专业遗嘱见证系统，借助人脸识别、身份验证、密室登记、 指纹扫描、现场影像、专业见证、文件存档、保密保管以及司法备案存证等功能，使立遗嘱人订立遗嘱的真实性得到了有力保障。涉及诉讼时，还可依法为当事人出具证明文件。遗嘱存证内容可在法院官方证据核验平台进行验证，以确保其真实性、合法性、有效性。

3.1.5 横纵布局，深度挖掘应用价值

司法联盟链通过“横纵”链结合的方式，一方面确保司法存证的数据在各司法部门间高效、可信地传递，另一方面为其他衍生的垂直社会应用提供便捷的可信数据接口，提高其业务可信度和效率。这样的结合方式有助于深度挖掘司法联盟链更细化的应用价值。

在产业方面，要深度挖掘相关的商业价值，其中横纵结合的联盟链布局很重要。其重点在于在加强联盟主链（横链）的标准化与系统规划建设的同时，重视与社会衍生应用子链（纵链）的个性化应用。

一方面，横链是众多区块链产业健康发展的资源中心与基础设施。为了更好地推进区块链产业的发展，需要整合重点资源以提升底层技术，如系统安全、密码管理、隐私保护等，充分推进框架标准化，持续加强产业联盟链的稳健落地。

另一方面，过度地强调区块链某单一功能会降低其多中心生态属性，在充分使用区块链工具属性的同时更应该关注纵链建设的生态模型。纵链应接入业务闭环的终端服务方，后者在横链的规范体系和扶持中能细分子场景，为其提供更契合、更优质的服务。

横链的建设需要深度的节点资源和技术投入，中心化资源方面应加大对技术深度与安全等规范化的投入。纵链的衍生更注重多中心的生态模型与社

会效果，市场化模式应被引导投入到多中心生态化运营中。联盟链生态的横纵布局将有助于挖掘联盟链在应用场景中更细化、更深入的商业价值。

3.2 形成社会价值网络：守住数据安全的底线

在普遍社会信任的基础上，价值流转才会产生。区块链技术以其去中心化、难以篡改、不可抵赖、可信任、可验证等特点实现了信任传递，同时也意味着背后的价值流转网络正在形成。

3.2.1 重构企业价值网络：挖掘大数据融合价值

克里斯坦森在《创新者的窘境》这本书中提到了一个概念——价值网络。企业的价值网络是指企业并不是独立存在的，其日常业务运营涉及上游供应商、核心企业、终端客户等。价值网络的重心在于将各产业链上的相关企业连接起来，形成网络。通过跨企业的产业数据融合，打破企业边界，拆除数据壁垒，让数据的融合价值通过网络创造出来。要想真正发挥大数据的价值，必须重构价值网络，打破企业间的数据壁垒，重塑与消费者、供应商、分销商及投资者等利益相关方的协作关系。

区块链技术成为构建企业价值网络的不二选择。在通常的区块链应用场景中，涉及数据拥有方和数据使用方的申请、批准、结算等可以通过区块链来完成，从而大大降低交易成本，提高协作效率。而安全计算部分则需要形成另一个网络，可以称为链下网络，两者一起来实现数据的融合计算。

同时，在建设价值网络方面，区块链作为新的数字化价值网络的重要基础设施，可以发挥积极的作用，特别是在通证化和智能合约（协作机制）方面。

通证（Token）可以定义为数字化的可流通的权益证明。在价值网络中，通证可以用来表达股权、债权、使用权、应收账款等各类资产，也可以用来对利益相关方进行相应的激励。随着企业契约的数字化和自动化，智能合约将能够实现更广泛的运用，经济分工将在互联网时代进一步细化，更广泛的社会协同将得以实现。

企业重构价值网络的步骤如下：

（1）数字化：让客户在线，让员工在线，让产品在线，让业务在线，让管理在线；

（2）区块链化：针对价值网络利益相关方，实现基于区块链的价值协同；

（3）通证化：作为数据和价值的载体，平衡利益，促进协同，构建新的商业模式。

3.2.2 大数据融合的关键：数据安全

数据是资源，更是资产

数字时代的各种产品和服务在直接给消费者提供价值的同时，也产生了大量的数据。随着人工智能时代的到来，现代商业活动中的各种数据成了新的资源。数据正在重新塑造人类生活的方方面面，其中包括金融、广告、零售、医疗、物流、能源和工业等。与此同时，数据本身的价值也在不断被挖掘。数据日益成为现代商业与个人的核心价值与重要资产。

在探讨数据价值时，一个很重要的概念是大数据的融合价值，即数据的总和比部分更有价值。当多方大数据聚合重组时，聚合的数据价值比单个数据价值的总和更大。例如，在普惠金融方面，中国人民银行征信通过以往在金融机构中的借贷等行为形成了一部分人的信用数据，但是这类人群只占社会总人数的比较小的比例。如果想让更多人能享受到普惠的金融服务，就需要针对不同的人群设计不同的产品。而这需要进行更多信用数据的积累，其中包括电商、消费、社交等数据。

大数据融合的痛点在数据安全

大数据经过整合重组，从而产生额外的融合价值，但要实现这个过程并不简单。数据本身的可复制性和易传播性，使数据一经分享就无法追踪其使用情况，数据权益难以保障，这导致数据资产的分享与协同开发受到严重制约。一方面，拥有数据源的中小型公司找不到合适的权益分享模式，无法安全地将数据共享或变现；另一方面，对于数据使用者、大数据公司、科学家而言，仅能接触到有限的数据集，并且费用高昂。

企业对数据协同开发的强烈需求和对数据权益保护的要求构成了一对天然矛盾。解决这对矛盾的一种方案是委托安全可信的第三方对数据进行整合与分析，而不直接把原始数据发给数据使用者。然而，现实中越重要的数据越难找到足够可信的第三方。而且，第三方掌握过多数据，若监管不当，后果也同样严重。

如何在保护数据安全的情况下充分实现数据的协同开发，进而产生融合价值，这是目前大数据行业发展中的最大痛点，同时也意味着巨大的产业机会。通过技术手段创新性地解决这个问题，将为大数据行业带来广阔的发展空间。

3.2.3 区块链助力多方安全计算

多方安全计算与区块链

在保护数据隐私的前提下，如何进行数据融合计算？这个问题也被称为多方安全计算问题。图灵奖获得者、中国科学院院士姚期智教授曾以著名的百万富翁问题来说明多方安全计算，即在没有可信第三方的前提下，两个百万富翁如何不泄露自己的真实财产状况来比较谁更有钱。解决这个问题的技术已经相对成熟，如同态加密（HE）、秘密分享和不经意传输等。随着大数据时代的到来，这个问题变得更加复杂：如果有几万个富翁希望分别比较他们名下不同类型的各种资产呢？问题的关键在于数据融合的参与方既有共同利益——比较各种资产，也有互相矛盾的利益——参与方都想在不透露自己资产分布的同时探知他人的资产分布。

区块链技术较擅长的就是解决利益矛盾的相关参与方的信任传递问题，如智能合约和数字确权。区块链技术为寻求可信的第三方整合分析数据提供了新的解决方案，即通过结合多方安全计算与区块链技术，重构数据融合场景下相关参与方的价值网络。

广告营销案例

在营销领域，广告主一般拥有一部分数据，但是其拥有的数据不足以满足其数字化营销的需要，包括媒体匹配、受众洞察、受众定向、目标人群验证以及用户画像等。拥有数据的企业会把数据当作有价值的资产，从自身数据安全的角度出发，不愿意让数据从自身的安全域中流出去，但是又存在数据变现的需求。从媒体的角度来说，利用精准的受众数据可以提高媒体流量的利用效率，提高最终的 eCPM（effective cost per mile，每一千次展示可以获得的广告收入），获得更高的收益。因此，如果能满足图 3-1 所示的三个诉求，对于整个行业来说则是多赢的局面。

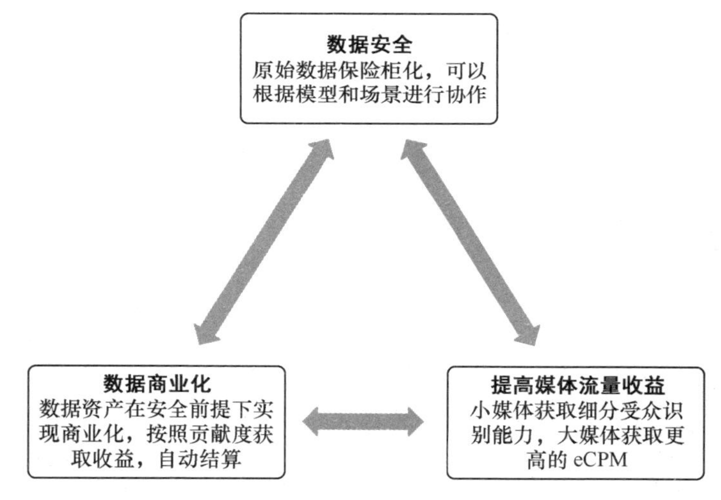

图 3-1　营销数据价值

要解决这个问题，首先，我们可以通过区块链来形成价值网络。当需求方提出数据计算请求时，通过区块链来建立类似交易信息或者通过创建智能合约来触发安全计算网络。然后，我们通过多方安全计算保证从各个数据拥有方找出需要的数据，并确保这些数据都不会被数据使用方直接复制，而是通过加密或者单向散列的方式备用。这些加密后的数据的一种使用方式是可以提交到可信的媒体平台，让数据只能上传、不能下载；另一种使用方式更彻底，即通过媒体向各个数据提供方进行问询来获得相应的计算结果。最后，根据使用数据的贡献度，通过区块链和智能合约进行自动统计、汇总，最终完成自动结算。

被保护数据的价值探索

数字化时代，如何在确保数据安全、不被随便复制的情况下使用数据，是目前大数据行业发展中的最大痛点。毫不夸张地说，如果不解决这个矛盾和问题，大数据行业的发展将被大大制约。

令人欣喜的是，在解决这个矛盾的过程中，产业界已经在积极探索并取得了不少成果，融合多方安全计算、区块链等多种技术，形成了多层的链上链下网络结构，同时还包括存证链、智能合约及通证化。在数据融合的背景下，数据保护问题为区块链技术提供了广阔的应用前景。

3.3 实现产业互联生态：新一代通信技术的加持

基于社会价值流转和交互网络的产业互联，企业能够有效掌握产业链全局动态，保障供应链稳定畅通，扩大产业生态圈，从而实现产业流程的透明、流通成本的降低和生产效率的提高。产业互联势必是企业间信息交流数字化、网络化和智能化的过程，要想加速这个过程，将会面临两方面的挑战。一方面，随着数字化程度的不断提高，产业数据量也在指数级增长，这就对数据交换的稳定性和效率提出了很高的要求。另一方面，随着产业大数据的价值不断被挖掘，企业对数据保存、传输的安全性要求也不断提高。前者需要 5G 技术和边缘计算技术，后者则可交由区块链技术解决。区块链结合 5G 将会是加速产业互联的绝佳组合。

3.3.1 区块链结合5G加速产业互联

5G 技术具有高速率、低时延、广覆盖和海量设备接入的技术特点，其核心价值在于极大地增强了信息的流动性。这可以理解为构筑了信息世界的高速公路系统。但是，5G 技术本身不具备核实信息的能力，由此引发了一系列的问题，如隐私保护、信息安全、产权保护和虚拟交易信任缺失等。

区块链技术恰好可以弥补 5G 在信息确认能力上的缺失。去中心化的区块链网络以算法保障了链上数据的透明、防篡改、可追溯等特性，为数据安全和信息确认提供了高效、可信的解决方案，对推动 5G 业务新模式的发展起到了良好的促进作用。

同时，区块链分布式记账的本质属性对数据流动性提出了极高的要求。区块链在去中心化的同时造成了海量的重复数据（即所有数据均在各节点上备份），对链上数据的任意改动均需要联动修改所有节点上的备份。因此，区块链网络对数据传输效率的要求极高，而 5G 技术则是解决这个问题的理想方案。

区块链技术和 5G 技术的互补性具体体现在以下三个方面：

（1）区块链为 5G 应用场景提供信息确认能力；

（2）5G 为区块链网络提供高效率的数据传输；

（3）5G 技术加速万物互联，为区块链提供更多上链素材。

区块链融合5G，为交易提供了高效、可信的解决方案。区块链节点间通信的延迟问题交由5G解决后，硬件端到端之间的信息传递速度将大幅提升，既保证了去中心化的信息确认，又保证了交易效率。简而言之，区块链技术为信息确权认证，5G技术则为信息世界铺设高速公路。前者为信息附上价值，后者则为信息插上翅膀。两者结合将极大促进相关企业间互联互通，加速产业互联。

3.3.2 从移动、联通看区块链与5G融合的应用场景

中国移动的区块链+5G布局

在2019中国移动5G联合创新中心举办的5G合作创新峰会上，中国移动研究院副院长黄宇红发表了题为“区块链开创社会协作新时代”的演讲，介绍了中国移动在区块链方面的研发现状和未来规划。她表示，区块链将为未来的产业互联网带来巨大发展，中国移动的目标是打造一套区块链能力体系，进而推动从物联网到数字金融、电子政务、智慧城市、共享经济的发展。目前，中国移动云平台已经打造了包括人工智能等在内的多种服务能力和区块链体系来服务各行各业的客户。

针对如何构建一个更加完善的、安全可信的区块链体系，中国移动提出了“一体两翼”架构。一体是指“规划—技术—平台—生态”层层递进，形成基于区块链的核心竞争力；两翼是指通过“理论—节点—组网—业务”形成坚实的安全体系，能力化封装构建合作新生态；同时，构建开放合作的生态，打造基础网络能力至上的区块链服务平台。

黄宇红表示，中国移动将携手产学界合作伙伴共同推动区块链技术创新与产业发展，打造安全可控、核心技术可控的区块链服务体系，同时联合合作伙伴推动解决区块链应用的局域网架构高成本问题，促进区块链网络高质量发展。

中国联通的区块链+5G布局

2019年11月6日，在中国通信标准化协会（CCSA）物联网技术工作委员会（TC10）举办的“5G与C-V2X研讨会”上，中国联通研究院与中兴通讯共同发布了《“5G+区块链”融合发展与应用白皮书》。

该白皮书总结了5G技术与区块链技术的特征和现状，从5G接入网络、5G通信设备和网络管理、5G通信应用与业务等多个维度进行了需求分析和阐述，提出了5G和区块链相互赋能、相互助力的观点。而且，该白皮书针对性地剖析了“5G+区块链”在各领域的典型融合应用，其中包括贸易金融、智慧城市、物联网、新媒体（VR、AR）等。

3.3.3 新媒体互联平台是区块链+5G能够最早落地的场景

在过去的10年里，社交媒体平台、视频分享网站和视频流媒体服务商改变了人们接收新闻、观看电视连续剧以及与朋友保持联系的方式，成就了以视频为主导的新媒体。随着5G网络的普及，视频流通成本将极大降低，并将快速促进增强现实（AR）和虚拟现实（VR）的普及。可以说，5G将彻底改变扩展现实（XR）的体验并重塑很多行业。普华永道预测到2030年，VR和AR将会为中国经济规模增加1833亿美元（约合人民币1.288万亿元），等同于 GDP 增长 2.09%。

随着 VR 和 AR 技术的快速推广，视频内容的创造将不断简易化。内容的产生不再是专业群体的专利，人人皆是内容生产者。而这也带来了数字资产管理的各种问题，如知识产权、内容分发成本、违法有害信息监管、数据可信度、扣费结算等。这些问题则是区块链技术最好的切入点。

AR 或 VR 结合区块链可以将现有的服务提高到一个新的水平，人们不仅能够在完全沉浸的环境中观看音乐会、比赛和玩视频游戏，而且可以在观看时接收有针对性的广告，并使用“数字货币”支付产品的费用。偏好和活动可以记录在一个不变的分类账上，人们可以第一次与广告品牌互动，在 3D 环境中查看产品，然后立即使用“数字货币”购买。

区块链技术还将对 AR 和 VR 整个生态系统的构建产生深远影响，特别是在版权保护和数字资产管理方面。

在版权保护方面，区块链技术可以帮助解决版权使用付费的痛点。区块链网络将版权所有者和使用方紧密联系起来，提高了付费率、版权保护能力，从而能有效提升版权作者的创作动力。

在数字资产管理方面，利用区块链技术的分布式网络完成对数字资产版权的闭环管理。创意作品可以在区块链网络上以通证的形式众筹，寻求早期支持，然后通过区块链网络存储数字版权信息，应用智能合约进行快速、可信的确权，同时对用户的使用行为实时付费，确保创作者权益，形成闭环。

展望今后几年，随着 5G 和区块链的进一步普及，潜在的 XR 机会将会逐一浮现：Mobile XR 在社交、游戏、新零售等方面的应用；XR Cloud 的底层技术，如5D建模；基于5G的XR流媒体内容解决方案等。我们必须意识到，5G来临之时，XR行业在网络运载力和计算能力方面的痛点将得到解决。这样，XR或将无处不在，并结合区块链创造出更多实用场景。

3.4 哈佛商学院的区块链洞见：变革传统商业逻辑

作为全球顶尖的商学院，哈佛商学院一直在持续关注区块链技术的发展。该学院的马可·伊安西提（Marco Iansiti）教授和卡里姆·拉卡哈尼（Karim R.Lakhani）教授通过对比分析互联网近30年的发展史与区块链技术近10年的发展进程，认为区块链技术的未来发展会遵循与物联网类似的发展轨迹，终将会对许多传统行业造成冲击，进而变革传统商业逻辑。

3.4.1 商业模式变革的四个阶段

区块链对传统商业模式的变革是循序渐进的。马可·伊安西提教授从创新性和复杂度双重维度审视区块链应用，将其分为以下四个阶段。

（1）单一场景应用：低创新性、低复杂度。这类应用针对较小的用户群体，相对成本较低，功能比较专一。

（2）局部小范围应用：较高创新性、低复杂度。此类应用创新程度高，直接收益明显，但影响范围较小，例如银行间资金流动。

（3）取代性应用：低创新性、高复杂度。此类应用的核心目的是取代现有的商业模式。虽然创新程度不高，但是涉及用户面广，需要更多的协调推广工作。

（4）革命性应用：高创新性、高复杂度。此类应用将涉及多产业之间的协同关系，建立机构间共同认可的标准与准则。区块链智能合约是目前最有希望形成革命性应用的方向。

目前的区块链技术已经可以实现前三类应用，但是革命性应用的出现还为时尚早。尽管如此，企业家仍应该提早布局区块链，从单一场景应用入手，积累经验和人才储备，逐步向高复杂度、高创新性的应用过渡。而且，企业家不应该低估区块链技术对商业社会基础的影响。

3.4.2 商业模式变革的实现场景

通过对目前的区块链应用整理分析，哈佛商学院归纳总结了几个重要的应用场景。区块链技术的引入将会对这些场景造成商业模式的变革，其中包括区块链金融、全球供应链、共享经济、市场营销和艺术品市场。

（1）区块链金融

区块链技术在跨机构转账与企业融资方面的应用广泛。一方面，区块链技术使金融转账不再需要中间人核实信息、建立信任；另一方面，区块链技术使不同大小的公司都可以通过点对点、分布式的方式融资。总体来看，区块链技术能为金融行业附加许多复杂的整合性功能，但是区块链最终能否颠覆整个银行业还未可知。

（2）全球供应链

区块链技术与全球供应链结合的关键优势在于：在供应链上下游企业利益不一致的情况下，仍能提供低成本、高可靠性的物流记录同步方案，解决了信任传递的问题。就目前而言，政府监管、链间沟通、法律等风险仍然存在，一定程度上阻碍了区块链技术的应用进程，但许多国际大公司已经开始尝试将区块链技术整合进全球供应链中。

（3）共享经济

在当下的互联网经济中，谷歌、Facebook 等巨头依赖其海量用户在其平台上产生的内容来产生利益，这也导致用户行为产生的巨大价值被集中在了少量的中间平台上，而区块链的出现将改变这种现状。区块链技术将进一步增强社群合作，从共享经济向合作经济演变，即用户不仅以共享的方式参与到经济活动中，而且直接互相合作，共同分享所创造的价值。

（4）市场营销

对于市场营销而言，区块链技术将提供新的支付方式。一方面，区块链使广告主可以通过小额实时结算的方式直接给收看广告的用户付款，改变现有的由谷歌、Facebook 等平台主导的广告支付方式；另一方面，区块链将进一步加强智慧财产权的保护，更好地保护内容提供者的收入。

（5）艺术品市场

艺术品市场存在大量的中间人，而基于区块链的智能合约则可以很好地解决这个问题，提供更透明、公平的价值交换网络。许多公司已经开始依靠区块链技术来构建对艺术家更友好的艺术品市场生态系统，包括提供资助系统、自动结算系统、隐私保护系统和声誉系统。

3.4.3 区块链对未来的影响

区块链对未来的影响也是哈佛商学院重点关注的一个方向。哈佛商学院和麻省理工学院的媒体实验室（Media Lab）在对区块链的前景分析方面也有着诸多交流与合作。凯瑟琳·塔克（Catherine Tucker）教授在《区块链与数据完整性革命》（*Blockchain and Data Integrity Revolution*）一文中指出，许多公司因为 2000 年互联网泡沫破灭而低估了互联网革命的影响。同样，企业家们也不应该因为比特币泡沫的破灭而低估了其底层区块链技术的革命性影响。凯瑟琳·塔克教授指出，对数据可靠性、完整性的要求越高的商业场景，越适合考虑利用区块链技术。但随着区块链生态系统的不断壮大，永久保存数据的特点也会带来一些问题，如线上与线下数据的一致性、数据更正和数据下链等。

在公共数据保真方面，MIT 高级讲师布莱恩·福特（Brian Forde）认为，未来区块链可以被用在构建可核查、值得信任的公共数据网络方面。运用区块链技术，能使政府公布的公共数据更有可信度，同时能系统地构建公共数据的共享、核查制度。

在数字身份确认方面，迈克尔·梅内里（Michael Mainelli）教授认为，区块链可以为全球通用的数字身份确认系统提供解决方案，用以核实信用、健康、学历等记录。但是，区块链技术一旦记录信息就无法撤回，这可能会对个人隐私和信息安全造成挑战。

在环境可持续性方面，AIKON 首席执行官马克·布林德（Marc Blinder）指出，区块链技术在能源消耗上对环境可持续性造成挑战。2017 年的统计表明，159 个国家的能源消耗量低于区块链全年消耗的总能量，未来的区块链技术需要在环境可持续性方面做出改进。

以上从区块链变革商业模式的四个阶段、重要场景和未来发展三个方面介绍了哈佛商学院对区块链技术的商业价值和前景的看法。从宏观上看，区块链技术和数据整合将改变各主要行业、市场机制以及投资方式。尽管尚不能确定区块链技术终将如何改造社会，但企业家不应该仅仅以旁观者的姿态去迎接这场技术革命。

第 4 章

产业区块链的应用模式与落地途径

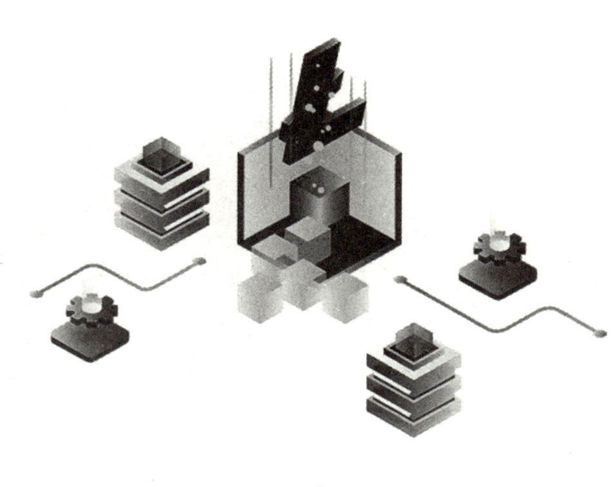

产业区块链的核心价值点在于改进生产关系和提升产业效率。典型的区块链行业解决方案不但可以在本行业推广，还可以被跨界复制。充分把握区块链的核心价值和技术特点，对于推动区块链的产业应用落地非常关键。

对于新时代的企业家来说，典型的案例和模板有非常大的借鉴意义，值得深入探讨。

4.1 产业区块链的典型场景和商业模式

对区块链的强需求领域

对区块链的强需求领域有三个显著特点。

（1）对信息真实性要求高、相互信任成本很高的领域。这些领域亟需区块链这样低成本信任工具的支持，让不同合作伙伴基于最基本的真实可信的信息，进而构建业务场景中彼此之间的商业互信。

（2）交流效率低、达成共识的成本很高的领域。区块链可以帮助业务伙伴在基本商业互信的基础上形成商业共识，降低业务沟通成本，推动业务合作的达成。

（3）对价值高效流转有强烈需求的业务场景。区块链的通证应用非常便捷高效，是形成新商业模式的利器。

区块链的典型商业模式

区块链在各产业生态中的落地应用越来越多。为企业和社会提升效率、降低成本，是区块链技术被社会广泛接受和应用的必由之路。从产业效率提升的角度聚焦区块链的核心价值点，是发掘区块链适用的产业生态和具体商业模式的关键。

当前区块链技术应用最典型的商业模式有以下几种：

（1）可信存证和监管；

（2）基于可信存证的泛社会化的信用体系；

（3）基于通证的行业应用；

（4）基于虚拟商品价值流转的应用场景。

这些典型的区块链商业模式融合和汇聚产业资源，就可以形成有效的区块链行业解决方案。就像互联网的发展一样，早期的典型基础商业应用就是浏览器、搜索、邮箱等有限的几种，随着软硬件条件的升级和更多产业资源的汇入，逐步形成了如今无孔不入的全面的移动互联网生态。

融合新技术和行业生态协同发展

除了依托自身的商业模式，区块链技术还可以和大数据、物联网、人工智能、云计算、量子通信、最新移动通信、虚拟现实等最新科学技术深度融合，推动围绕这些新技术的生态体系的迭代和发展，构建全新的商业模式。

如果把区块链理解为数据确权，那么物联网传感器就是前面的数据入口，为区块链提供需要确权的数据；5G 就是数据传输的通道；云就是数据的存储空间；大数据、人工智能、虚拟现实就是被区块链确权数据的下游使用方。这些新技术通过和区块链深度结合，将会带来商业模式的突破。

传统的行业生态都有和区块链的结合点：为产业链提高效率，降低成本，实现更多的新动能。如何把产业生态的痛点和区块链解决方案有机地结合起来，是对未来区块链产业应用落地的挑战，也是对广大企业家们的考验。

4.1.1 可信存证和可信监管

区块链的典型技术特点就是链上数据难以篡改。这看似不经意的一小步已然是对传统商业经济模式和社会组织模式的巨大挑战，必将对未来的社会发展带来翻天覆地的影响。

传统数据库的数据，包括重要部门的关键数据，都存在被意外修改的可能性。无论是互联网的各种评论刷单，还是彩票和抽奖造假，甚至各种监控信息的篡改和丢失，都说明了社会上对可信存证拥有强烈的需求，其应用价值是非常巨大的。

鉴权存证

电子数据易篡改、易灭失的特性既困扰屡遭侵权的数字内容生产者，也为司法取证带来了困难。传统的互联网侵权维权成本高、取证难度大、涉案金额小，使数字内容成为盗版侵权的重灾区。区块链分布式的可信数据存储和流程痕迹化的技术特点，以及便捷的分享和小额收费机制，为上述问题提供了很好的解决方案。

结合区块链的数字内容保护是众多企业开始参与的产业方向，本书第 6 章详细介绍了多个与数字内容相关的区块链落地应用案例，包括“内容版权+区块链”“融媒体内容安全+区块链”和“数字出版+区块链”。

在杭州互联网法院采纳区块链取证作为判案依据后，最高法院也在新规中对区块链存证取证专门做出了解释，并认可了区块链与司法结合的应用创新。详细介绍请参考 3.1 节。

防伪溯源

通过条码、二维码、RFID 或者其他模式的赋码技术赋予商品溯源码，消费者可以通过手机扫码功能回溯商品的生产、运输、流通、销售等环节信息，企业也可以对商品生命周期进行全程跟踪管理。

基于区块链防伪溯源的商品，可以有效、可信地追踪和串联从生产到销售的全链条，从而形成完整的产业生态协作，实现上下游不同环节、不同产业生态之间的资源共享和融合发展。

基于区块链的可信商业数据，以及各参与单位和个人的有效信用数据，这些数据本身就具有极大的商业价值。通过数据价值的挖掘和合理分享，原有商业生态的价值可以大幅提升。

本书第 6 章详细介绍了多个与溯源相关的区块链落地应用案例，包括“计量溯源+区块链”“商品溯源+区块链”“葡萄酒溯源+区块链”和“食品安全溯源+区块链”。

可信监管

社会上有大量的场景涉及可信监管，如政务、环保、财务、公益慈善和政府补贴等。这些应用场景都面临着如何确保原始监管信息的真实可信，以及如何确保历史监管信息不被修改和灭失的问题。区块链可信数据存储和流程痕迹化的技术特点，在可信监管领域可以发挥巨大的作用。

对于越来越多的物联网应用领域，区块链系统可以轻松提供物联网设备识别、身份验证、数据确权、安全可信的数据传输等功能，使设备部署更加简单、安全。物联网传感器在安全机制授权的情况下，无须第三方支持即可直接与其他设备和平台交换数据，通过全网公证保护物联网设备数据的真实可信。

本书第5章、第6章详细介绍了多个与溯源相关的区块链落地应用案例，包括“电子政务+区块链”“临港科创券 +区块链”和“智慧监理 + 区块链”。

4.1.2 新一代信用体系

回顾人类社会的发展历史，社会信用不但是人类社会道德伦理、关系维护、生存发展的重要基础，更是个人、企业乃至政府的巨大原生资源。有了信用，人和人之间、人和企业之间、企业和企业之间、社会和政府之间以及人和万物之间才能形成有效的商业活动，从而形成一种以信任为基础的经济关系和社会关系。

古人云，“人无信不立，业无信不兴。”从个人来讲，无论是上班、上学、组成家庭，还是做生意、创业、交友，没有哪一项不是建立在各自的信用之上的。从社会来讲，有效地开拓和利用社会信用这种资源，有助于推动经济发展，优化资源配置，促进产业升级。

但是，现代社会的信用维护体系是非常局限和单薄的。以央行为核心的个人征信体系和以市场监督系统为重要组成部分的企业征信体系，固然由于所属单位的权威性有相当的公信力，但是能被采集收录的信用数据维度和数量都是极其有限的。大量个人和企业的重要行为信息无法进入征信体系，无法形成全面、有效的用户画像，更无法为个人交往、企业经营提供便捷的数据支撑和有效帮助。这里的关键核心就是大量个人和企业的行为数据无法确定真伪，无法被官方征信体系采信。

在现实的人际交往中，极其单薄的官方社会征信体系的作用极为有限，大量的社会交往都是和熟人进行，相当数量的商业活动也是发生在熟悉的客户之间。这种熟人（熟客）关系，本身就是一种存在于老百姓每个人心里的完全自发的信用体系，它独立于任何官方社会征信系统。同时，这个系统的运转模式非常成熟（千百年社会发展的支撑），发挥的效力巨大，而且嵌入每个人生活的方方面面。更有意思的是，这种体系是完全分布式的，无法篡改，互为备份，永远有效。可以这样说，官方社会征信体系和百姓心里的社会信用系统一道，才构成了我们整个社会的完整的信用系统。

区块链上数据的真实可信和难以篡改，让个人和企业能够呈现自身的可信行为数据。这本质上就是用区块链技术再现了千百年来一直在顺利运转的百姓心里的社会信用系统，从而有可能真正构建起包括官方社会征信体系和各种维度民间分布式信用系统在内的全面的社会化普遍信用，并且事实上形成维度全面、分布式构建和管理、方便调用的新一代社会信用体系。

从广义来说，这种新一代的社会信用体系包括用户的商业行为记录、社会行为痕迹和行为画像。它具有巨大的商业价值，必将成为区块链产业应用的关键场景。

以真实可信的分布式社会化信用为基础，将可以孕育全面的多维度的商业和社会信任，从而以多方互相信任为纽带，构建组织、企业和社会的新的普遍共识。共识形成是人类社会组织运作、公司经营发展的一个重要支点。在共识形成的基础上，真正的人际关系、业务来往、商业协作和公司体系才能有序发展。

基于共识的社会化协同，可以形成新的产业生态、商业模式、利益共同体和新的社会治理体系。

区块链技术的行业应用，本身就是在自身的行业生态中构建分布式的信用体系的过程。如何通过区块链手段，把这些分布式的信用体系串联起来，形成一个大型的社会化的分布式信用体系，其中孕育着巨大的商机。

4.1.3 通证的商业应用

通证是区块链应用的一个亮点，通过在区块链上定义的真实可信、可追溯、可交易的通证（区块链资产包），结合现实的产业应用场景，可以实现应用的区块链化，实现商业模式的迭代和升级。

精准激励和小额结算

区块链积分是最典型的通证应用，它做到了产生有源、应用有处、流转可查、价值锚定、兑换便捷。作为区块链资产，每一个积分的每一个动作都有真实可信的区块链记录做背书，从而让积分从单纯的标的变成了流程明晰的商业运作载体和工具。为积分的每一个发放动作、每一个流转行为、每一个兑换动作进行赋值和价值定义，就可以赋能实体产业的经营行为，并对业务行为进行精准推动和数据发掘。

不同于传统中心化系统的积分（这些积分系统和客户业务系统、数据平台强耦合），区块链积分可以在不同的区块链底层之间流转，在不同的业务系统之间便捷通用。通过连通线上、线下和不同品牌商家，可以实现商业生态内外合作伙伴之间的价值交换、异业合作、相互引流。

推而广之，其他区块链通证，如区块链数据标的、区块链商品标的、区块链资产标的、区块链服务标的，都可以具有上述同样的功能和属性。区块链标的自带的兑换和结算功能极其便捷和低成本，可以方便支持小额结算，满足现有法币支付系统难以进入的细碎但应用面极广的业务场景。

即时清结算

基于以区块链为基础的可信业务数据和商业行为，可以把真实业务场景的信息流、商品流、服务流、资金流多流合一，并结合价值载体通证，实现快速对账和即时清结算，极大地提高业务效率。传统业务场景不同业务主体之间的对账和结算，本身需要多维信息和凭证相互印证，不仅浪费时间，而且效率很低。通证作为结算的价值载体，可以在其中实现即时清结算的关键作用。

在即时清结算的基础上，通过引入各种与金融相关的服务，可以实现信贷服务、金融增值业务、内部票据化流转等功能。

供应链金融票据

供应链金融是非常有价值的产业应用。区块链以其数据真实可信、多流合一和可即时清结算的优势，能够在供应链金融应用场景中发挥巨大的作用。这也是很多区块链公司努力的主要落地方向。

依托区块链通证，可以便捷地落地供应链金融票据业务，充分发挥通证模式的优势。便利的通证票据在产业链应用、金融应用中可以发挥巨大的作用。

4.1.4 虚拟产品的流转

虚拟产品是非常适合区块链的产业应用。知识产权、电子出版物、电子音像资源、设计、创意、服务、公益等领域，都是区块链可以大显身手的地方。

虚拟产品流转

虚拟产品和实物产品一样，是人类社会商品需求的重要组成部分。虚拟产品非常容易和区块链通证绑定，建立唯一的映射关系，让通证全面代表该虚拟产品的内在价值，通过通证的流转实现价值流转和交易。

知识产权是典型的虚拟产品，但是缺乏有效的价值载体和清晰可追溯的流转途径。这导致知识产权一方面缺乏有效的管理和保护能力，另一方面又缺乏便捷、高效的流转和交易通道。所以，知识产权一直难以实现真正有效的互联网商品化运行。时至今日，知识产权相关的管理模式仍然和前互联网时代类似。

区块链的真实可信、可追踪和流程痕迹化，特别是结合非标准的商品定义和估价场景，非常适合知识产权这样的应用。全面地应用区块链技术，有可能真正激活始终死气沉沉的知识产权市场。

权益和服务的价值流转

权益和服务也是非常典型的区块链应用场景。一方面，权益和服务这样的虚拟产品急需有效的背书及内容锚定，其价值的高低很大程度上和一系列的前置约束条件紧密相关，而这些条件都需要真实可信的定义和适用范围。另一方面，权益和服务对应的都是高流通的场景，必须依赖一系列的市场交易和确认行为来维持价值。价值崩塌带来的很可能是市场的萎缩和消失。

因此，依托区块链技术构建的垂直行业的虚拟产品、权益、服务交易市场，未来将会有很大的发展空间。

4.2 产业区块链应用推广存在的瓶颈

当前，产业区块链在很多垂直应用领域都在进行积极的尝试，但是大规模的商业应用落地还未出现。

一方面，产业用户对区块链的认知有一个逐步提升的过程。在没有出现典型行业示范案例之前，理解产业区块链并不容易。受炒币的负面影响，社会上部分人士对区块链仍然存在较大的误读，对产业结合区块链的方向缺乏认同或有比较大的疑虑。在 2019 年 10 月 24 日中央政治局集体学习的新闻发布之后，这种情况才有了相当的改观，很多企业家和政府官员开始积极学习和了解区块链，质疑的声音在减少。

另一方面，产业区块链落地仍然存在比较大的技术门槛，也缺乏可借鉴的商业模式引导，对于传统的产业用户来讲有比较大的挑战。如何帮助产业用户找到快速有效的落地模式，不但需要产业用户、行业咨询人员的学习和努力，更需要区块链从业人员在技术便捷度和应用工具上为产业用户做好服务。

还有一个重要的因素，就是虽然很多地方政府也在准备出台对区块链产业应用的指引和对当地企业的扶持措施，但相关政策出台存在一个过程。单纯依赖企业自身的力量，不足以快速突破产业区块链的认知、技术、资金门槛，这亟待社会全方位的推动和支持。

所以，如何让区块链赋能实体产业，对各地政府和企业家来讲，既是挑战，也是机遇，值得社会各界共同推动和努力。

4.2.1 产业区块链的人才瓶颈

任何产业的发展都离不开高水平人才的支持。区块链的人才瓶颈十分突出，而且存在明显的结构性矛盾，亟待解决。

区块链人才现状

在产业区块链推广的背景下，区块链人才的匮乏显而易见。程序员里面真正懂区块链，有密码学、分布式计算背景的高级开发人员本身就不多。而且，区块链不仅仅局限在技术层面，从深层次可以将区块链看作是对商业逻辑的重构，能懂这方面内容的人才就更加稀缺。

会写代码的人有很多，但从技术层面上升到产业理念层面需要很大的思维转变，也需要有大量的产业经验的积累。产业应用有很高的业务门槛，不是简单地懂一些区块链基本概念就可以轻言给产业赋能的。区块链技术如何有机地结合产业生态，如何有清晰的商业模式可以让行业企业能看懂和效仿，这才是关键。

在现有的高水平区块链人才中，有相当一部分是来自于早期的有技术极客背景的区块链爱好者，他们更愿意关注区块链技术本身，有较多的技术积累，但是对产业场景方面的了解有限。将比较技术化的区块链逻辑生搬硬套到产业应用场景，不仅效果甚微，而且很难得到产业用户的认同。

大型互联网公司和行业巨头对区块链人才的渴望和收罗，也加剧了中小型产业用户获得区块链人才资源的难度，指望找到既了解区块链又能够将区块链结合产业实践的人才更加困难。

国内人才的运营能力很强，但是基于产业实践的创新力不足。所以，产业实践的区块链人才缺口不仅包括系统架构工程师、应用开发工程师，还包括行业咨询顾问、安全专家、商业运营专家等一系列相关行业人员。没有行业创新和新商业模式的构建，区块链产业应用很难大面积落地。

区块链人才培训逐步填补缺口

区块链人才一方面来自传统互联网和软件行业，另一方面则来自教育培训体系。

来自传统互联网和软件行业的程序员们需要加深对区块链的理解与领悟，并且需要有一定的和产业结合的经验。随着区块链的持续升温，这方面的供给会持续增加。大型区块链企业的离职区块链人员，早期的区块链极客们，也会持续地贡献人才。

高速发展的区块链市场对人才的需求量之大、专业性要求之高，都给目前的教育培训体系带来了艰巨的挑战。目前，国内部分高校已开始积极展开区块链教研课程，许多培训机构也推出了各类区块链培训网课，但仍然难以满足现有的人才需求市场。

一方面，传统的人才供给侧——大学、研究所和专科院校等培训体系存在诸多问题，如师资力量匮乏、课程难以跟上快节奏的行业需求变化和缺乏统一标准等；另一方面，培训机构虽然形式更灵活，但是难以获得足够的优秀师资力量支持。如何整合各大学的优势师资资源，并对接快速变化的行业需求，是区块链人才培养的关键问题。多方协作才是解决之道。

区块链人才培养多方协作的一个成功案例，就是上海人才培训市场与国家技术转移东部中心区块链产业中心合作开设的全球首个区块链与数字经济 DBA 课程。该课程联合香港商学院、马来西亚科技大学，在上海交通大学、复旦大学、南京大学、浙江大学、清华大学等众多高校的支持下，已经招收了两届博士生，为区块链人才培养的多方协作树立了样板。

随着区块链政策的不断落地，行业发展的愈加成熟，教育资源投入的持续增加，我国区块链人才招聘和培养体系将会日趋完善。这将逐渐缓解人才供需失衡的情况，为我国区块链行业在前沿技术的探索、行业应用解决方案的研究以及核心竞争力的培养等方面，源源不断地输送高质量人才。

4.2.2 产业区块链应用的掣肘

产业区块链的困局，既有技术方面的条件限制，也有人才、政策等资源方面的不足。

技术开发成本高昂

目前的区块链技术发展阶段有明显的技术门槛，相应的开发成本也非常高昂。

一方面需要深入了解区块链技术，找到区块链技术和产业应用的结合点。这要求基于各自垂直行业的具体特点，找到适用的技术和相关应用模式，不但需要有高水平人才，还需要不断地试错和尝试。

企业面临的绕不过去的问题是如何选择底层基础区块链。底层基础链相当于区块链的操作系统，是区块链产业应用的基础。据不完全统计，现在已经至少有数十个高水平的底层区块链平台项目。区块链平台的部署和维护需要多方面的技能，这对很多产业应用方来说都是不小的挑战。这些底层区块链不但技术上各有千秋，而且对不同产业应用的支持程度参差不齐，还不排除有很多和具体应用适配方面的陷阱。

另一方面是这些底层区块链未来的可持续提供服务的能力也不同。如果因为底层区块链团队的服务能力欠缺，导致未来无法获得长期的技术支持，那么这对企业来说也是必须考量的风险。

站在企业的角度，一方面未必能够详细了解每一个底层区块链的优劣，因为不仅评估耗时耗力，而且需要的专业水平及决策后的试错成本也很高；另一方面，如果大量应用开发都基于具体业务和区块链底层技术的深度耦合，不但开发周期长、成本高，而且一旦需要调整和迁移将会非常困难。产业应用体系的构建能否适应多种区块链底层技术，使其具备良好的交互性和可扩展性，是区块链产业应用的关键。

所以，从产业应用的角度来看，减少应用业务对技术的深度耦合，以及减少对底层区块链技术的捆绑和依赖，对于快速、便捷的应用场景赋能尝试和试错非常关键。

缺少工具模板案例

互联网行业的发展过程非常值得借鉴。早期的互联网开发需要有不少定制化开发，这把很多缺乏技术能力的传统产业用户挡在了门外。现在无论是需要搭建网站，还是需要构建商城，包括各种小程序、App 和应用工具，都可以用非常低的成本和便捷的方式获得。这让大量的行业用户只需专注于自己的业务和生态本身，就可以低成本地做互联网业务模式的尝试。因此，对于互联网行业来说，一方面有大量的应用模板和商业模式模板可以借鉴，另一方面试错成本极大地降低了，可以在业务初期以极低的成本切入产业应用。

随着业务的发展，行业用户需要更加深入和高水平地开发服务。互联网行业不但提供了足够的人才储备，而且有大量的工具和案例可以借鉴，从而构成了一个良性的发展生态。

互联网行业的发展历程是区块链行业未来发展可以充分借鉴的模板，大量应用工具和商业案例的积累是必由之路。在当前区块链技术的较早期发展阶段，应为早期用户提供低成本、低门槛的进入通道，在发展中期为企业提供有效、可行的发展支撑，在后期为持续发展的产业生态提供连续不断的工具和能力服务。

4.3 快速落地区块链应用的途径

快速落地区块链应用的关键在于解决技术门槛问题，越过技术障碍的途径就是“区块链即服务（BaaS）平台 + 接入中间件”。前者解决了区块链底层平台构建问题，后者简化了对接流程，降低了应用难度。在技术支持的基础上，真正实现区块链的产业应用，则需要构建区块链综合应用平台。

4.3.1 区块链即服务：BaaS

便捷的 BaaS 云平台

为了解决区块链难以被传统产业应用的问题，区块链即服务（Blockchain as a Service，BaaS）平台应运而生。BaaS 是一种新型的结合了区块链技术的云服务，利用云服务基础设施的部署和管理优势，帮助用户快速建立所需的区块链开发和应用环境。BaaS 提供基于区块链的一系列基本操作服务，包括区块链查询、交易提交、智能合约等，让开发者可以创建、使用区块链，并安全、可靠地监控区块链平台运行。

从应用角度来讲，BaaS 主要架构有两部分，如图 4-1 所示。其中，一部分是服务应用开发者的功能模块，包括资源申请、应用管理、可视化监控和底层区块链的调用；另一部分是管理员模块，包括用户管理、资源管理、系统监控和响应模块。BaaS 为开发者提供了几乎所有区块链相关的技术支持，简化了应用开发接入区块链的难度，降低了开发成本，推动了整个区块链行业的快速发展。

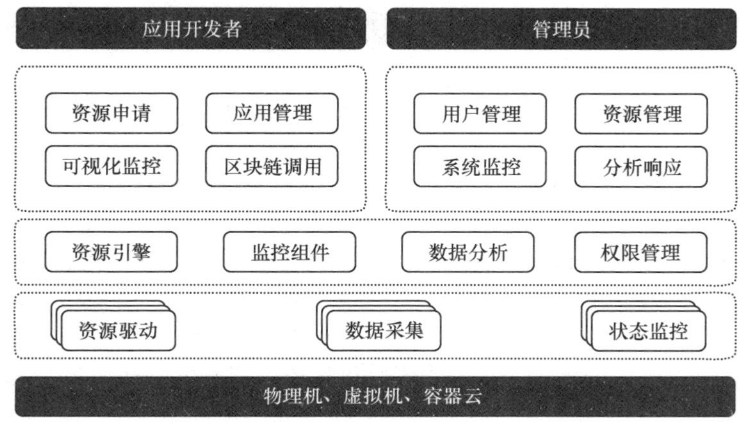

图 4-1 BaaS 平台的参考架构

BaaS 平台需要提供多种区块链解决方案，为异构区块链底层平台进行封装，屏蔽功能的差异，并在上层为用户提供相同的应用服务能力。除此之外，BaaS 平台还能帮助开发者选择合适的类似智能合约的组件，支持跨链应用，最大化地应用每个底层区块链的优势能力。

目前，腾讯、百度、华为等科技企业纷纷推出了自家的 BaaS 平台。腾讯区块链 BaaS 开放平台定位于打造领先的企业级区块链基础服务平台，帮助客户从业务的角度理解区块链，专注于帮助企业快速搭建上层区块链应用场景；华为云区块链服务聚焦于区块链云技术平台建设，帮助企业在华为云上搭建企业级区块链行业方案和应用，共同推动区块链应用场景落地，打造基于区块链的公共信任基础设施和共赢生态。

支持产业区块链的高效服务

区块链网络以及所需的计算、存储和网络连接资源，通过提供接口，让用户自由访问所申请到的区块链资源并进行调用。Baas同时提供简单易用的智能合约等功能的开发测试环境，方便用户对应用代码进行管理。

通过提供通用技术模块服务，如智能合约、IPFS、IoT等技术支持，BaaS可以大大降低区块链应用开发的门槛，加快应用落地的进程。BaaS平台应跟进行业发展，兼容并提供相应的解决方案，帮助用户省去自行定制开发的时间，加速产品的迭代。

各垂直行业区块链应用的成熟将反过来催生新的通用需求，模式的成熟使共通性更加明显，这也是BaaS生态中不可或缺的重要环节。

BaaS平台还可支持灵活、弹性的区块链配置。随着上链企业和应用的增加，平台所具备的区块链资源也会越来越多。具有弹性的体系架构可以通过增加区块链网络，或者增加其他相关资源，让应用系统的业务承载能力得到提高。

平台提供直观的区块链可视化监控和操作界面，能够直观展示用户的应用在底层区块链平台的运行情况，并实时进行调整。BaaS平台还需要提供对平台内各项资源和应用层的数据分析及响应能力，并提供便捷的预警及诊断分析的监控工具。

便利开发者的基础设施

（1）开发者友好

BaaS平台需统一各个区块链的底层服务，通过使用高层语言降低区块链项目的开发难度。一键式搭建开发环境的功能，是使开发者不再为环境的搭建而感到烦恼的重要手段。

应用方无须购买额外服务，包括不需要再花费大量的金钱去购买存储服务、CDN 服务、带宽服务、计算资源等，从而在产品初期节省大量成本。

BaaS 平台提供一些通用的基础服务，如用户账号创建、授权、交易等。开发者可以直接调用这些基础服务，简化用链流程，从而避免重复和低级的工作，集中精力关注自己最有价值的业务开发。

（2）贴近传统中心化系统的用户体验

谈起区块链系统，必然要谈到区块链钱包、公钥和私钥、共识模式、并发量等一系列区块链专属的逻辑和功能。这对于习惯了传统电商、网银、互联网平台操作的普通用户来说，这些功能的相关体验是不太友好的。

在技术手段保证安全的情况下，用类似传统互联网平台的用户体验来完成必要的区块链操作，才有可能使区块链的应用具有更加广泛的适用性，更容易和产业应用相结合。

而在应用的性能体验方面，如何超越区块链本身的条件限制，贴近中心化系统的功能和性能，是产业区块链能否广泛铺开的另一个关键。

（3）面向应用的工具集

各个底层区块链都为开发者准备了各种客户端、开发工具集、开发环境等，以方便开发者在相应的链上创建 DApp 应用。即便如此，真正想要从事区块链开发仍然不是一件容易的事情。仅仅是环境搭建就可能已经挡住了很多人，更遑论还要学习相关区块链的语言或接口。

可以用标准化的接口让程序员能简单调用，而无须花费时间去搭建开发环境，仅仅读懂接口文档就可以掌握区块链的基本应用。这样传统行业乃至互联网行业的程序员至多只需要几天的学习就可以从事区块链开发，从而极大地降低了产业应用接入区块链的门槛。

接入区块链不仅仅是支付等简单的操作，尽管外界对区块链会有这样或那样的误读，但实际上区块链的应用场景非常多。而 BaaS 要做的就是让这些场景通过模块等方式落地，成为简单、可实现的商用模式。

通过 BaaS 提供的工具集，用户完全可以根据自己的需求，自行组合出适合自己业务需要的区块链应用。

4.3.2 区块链接入中间件

有了区块链基础设施的服务，虽然在很大程度上降低了区块链应用的门槛，但是仍然只有一些经验丰富的团队才能够驾驭。毕竟，区块链的专业背景知识不是所有程序员可以在短时间内掌握并融会贯通的。对此，难道我们的行业就无法使用区块链了吗?

烨链科技提供了一个好的思路，那就是开发一套接入中间件，将晦涩难懂的区块链指令转变为程序员看得懂的接口。这样，在安装了接入中间件之后，程序员就可以像驱动打印机去打印文件一样将数据写入区块链当中。

这时候，区块链才真正摆脱了它高冷的气质，从实验室的科研对象蜕变成程序员手里的工具，能够方便地解决实际业务中的具体问题。

更专注业务

成熟的企业拥抱区块链往往需要一个过程——由浅至深，直至融会贯通。如何在浅尝阶段就可以快速地取得成功，给自己多一点的信心，是企业拥抱区块链的最重要的一步。

既往的项目经验告诉我们，为区块链而区块链往往都是虎头蛇尾，只有从自身业务需求出发构建的区块链系统才更有生命力。这也就意味着我们的技术团队需要把更多的注意力聚焦在业务本身，而区块链上具体的问题可以交给中间件去解决。

也正是有了这样的中间件，我们才有条件在技术团队没有接受长时间培训的前提下，便可以快速地将传统的信息系统改造成区块链系统。

给创新多一次机会，让成功多一点可能

在过去的十几年里，无数创业者成为互联网弄潮儿。从开始创业到最后成功或失败的时间是极其短暂的。而在这极短暂的时间内交给创业者的技术和业务难题却很多，他们既要解决商业模式的问题，又要克服技术上的障碍。有时候，成功靠的不仅仅是自己的努力，还取决于最初的选择是否正确。在很多情况下，由于开发周期较长，创业者只有少数几次甚至只有一次试错机会。

区块链时代，创业者面临的问题更多。他们不仅要规划自己的商业模式，还要选择可行的区块链技术路线。如果创业者的商业模式在最后实践成功了，但是所依托的底层区块链却失败了，不能再持续提供服务，这对创业者来说会是一个极大的风险。利用接入中间件提供的便捷、低成本的接入，可以使应用快速落地；标准化的接口也可以极大地降低不同底层区块链之间切换的代价。

天下武功，唯快不破。在时间和资源有限的前提下，要想成功就必须比对手更快。能让创新者们更快地拥抱区块链的工具，才是好的区块链工具。毫无疑问，接入中间件具备这种气质。

4.3.3 区块链综合应用平台

诚然，接入中间件可以解决区块链应用快速落地的问题，但是它并不能够解决区块链底层存在的固有缺陷。同时，大型的应用还需要先进的互联网框架来支撑，单纯的驱动式应用在这个时候也会显得力有不逮。

如何使区块链平台的承载能力向互联网应用的水平看齐，如何在海量的数据请求面前不掉链子……不解决这些具体问题，区块链应用仍然难以全面铺开。

虽然区块链被称为价值互联网，但是并不意味着区块链和互联网在技术上是割裂的。互联网应用中应对高并发、大数据量的问题的处理经验完全可以应用到区块链应用中来，区块链综合应用平台也就随之应运而生了，如图 4-2 所示。

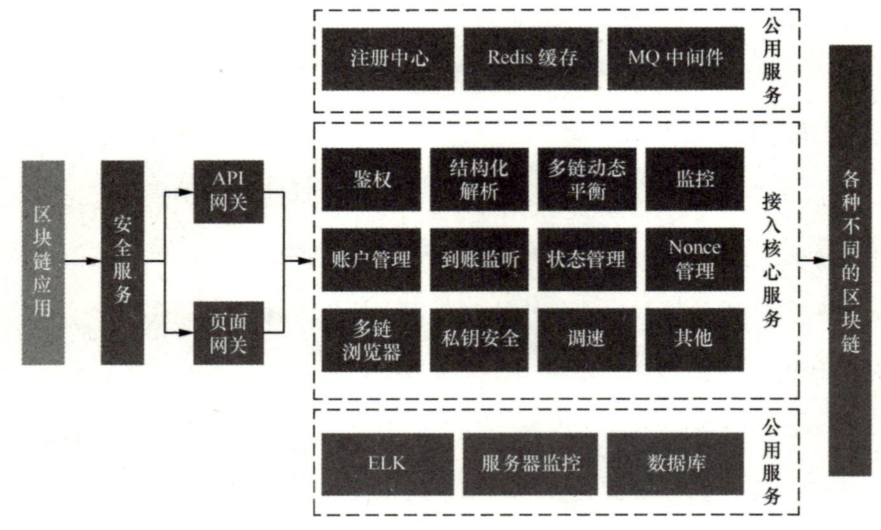

图 4-2 区块链综合应用平台

如果说BaaS解决了有没有区块链，接入中间件解决了能不能用区块链，那么综合应用平台要解决的就是如何用好区块链。

与大数据融合

现今的AI、BI都与大数据有密不可分的关系，如何打通区块链与大数据，成为将这些技术整合到一起的核心问题，是达到融会贯通的关键。

大家都知道，区块链就是一个大账本，各种数据都是以流水账的形式记录在上面。这里存在两个层面的信息：第一个层面是单纯的上链数据的记录，只需要做好数据的解析、清洗，很容易就可以把这部分数据转换成大数据里面的数据；第二个层面是钱包与钱包之间的关系，这一部分数据体现了很多业务之间的内在联系，与当今流行的图数据库也有异曲同工之妙。无论是哪个层面的数据，都遵循了区块链数据难以篡改的特性。而从区块链上得来的大数据，无疑又可以增加一个可信的标签。

从区块链形成大数据，这只是其中的一个应用方向，用区块链控制大数据会更有价值。从贵阳大数据交易所开始，我国已经建立了多家各种类型的大数据交易所。经过多年发展，大数据交易走过了从无到有、从小到大的过程。然而，对于整个行业而言，仍然仅有极少量的数据可以相互流转。数据具有容易复制的特点，数据一旦交割就有可能失去控制权，在此基础上鉴权难、维权难，使企业不愿意拿自己的数据进行交易。

区块链可以快速地给大数据鉴权。同时，在区块链上可以方便地对鉴权的数据进行交易，并依托区块链控制的数据共享平台做到数据的流转和溯源，为开采大数据金矿提供了一个有力的工具。

与物联网应用融合

随着智慧城市、智慧家居等概念的发展，智慧设备的数量越来越多，有大大超过人口数量的趋势。当以人为本的传统互联网、移动互联网在即将用完人口红利的时候，物联网给我们带来了一个以万物互联为核心的、几乎没有上限的新市场。随着5G的落地，高带宽、高速度、极大接入量无疑给物联网发展提供了一个助推火箭。

数量众多的智慧设备带来的就是大连接量、高并发的挑战。因此，市场上已经出现了多种基于互联网技术的物联网平台。区块链要支撑大规模的物联网应用，也需要这样的综合应用平台来支持。

尽管可以采用分布式接入、负载均衡等互联网技术，但是这样的软件平台仍然面临着计算资源的瓶颈。解决办法就是把加密运算卸载到边缘去做。这就需要模组级别甚至芯片级别的边缘设备，在数据上传之前对其进行数字签名，使数据传输更加安全、可靠，并且难以篡改。

4.4 产业区块链的技术发展方向、应用领域及典型落地案例

产业区块链作为一种深度融合实体经济、赋能传统产业、传递信任、促进协作的底层基础软件，具有去中介、难篡改、可追溯、多方互信等特性，有望在金融证券、社会征信、电子政务、5G通信、工业互联网、装备制造等领域大规模应用。

4.4.1 产业区块链的技术发展方向

产业区块链在技术发展方面提出了更高的要求，需要从技术的各个维度实现全方位的突破。

产业区块链的概念及特征

产业区块链不仅是一项技术范式，能够建立对价值转移的完美协议，实现新的共享机制；更是一个账务系统，是去中介、强监管、用户共同维护的分布式账本；还是一种产业互联网升级，是网络空间中各种互联网资产的分布式管理系统。

产业区块链的典型特征包括但不限于密码数字对象、价值不可复制；数据来源可溯、数据权属明确；数据整合保障、数据产权清晰；交叉验证确保数据真实可信；激励交易体系为数字资产定价；等等。

总体发展要求

产业区块链因开放创新、公平共享、安全可控、赋能实体经济等特点，已成为数字经济的战略性支撑技术，构建可信任的机器解决方案，其技术发展需满足以下要求。

一是要走在理论的最前沿，即要满足拥有自主知识产权，基于国密和国际算法，支持隐私授权保护和千万级并发等技术要求。

二是要占据创新的制高点，既要有关键技术的创新突破，更要基于技术结合实体经济，为实体经济赋能，支持政务、民生、商业场景的创新应用，具备高质量、高安全、高效率的特性。

三是要取得产业的新优势，既要打造具有我国特色的产业链条，更要具备走得出去的能力，要立足全国、放眼世界，让我国区块链产品为全球各国提供简单易用、安全高效的信任建立和价值流转服务，让我国共识成为世界共识。

技术发展路径

国内区块链严重依赖国外开源技术，缺乏进一步研究底层技术的动力。大企业过度关注项目盈利前景，不愿投入资金进行底层技术研发，极少采用国密算法，更没有实现具有自主知识产权的区块链平台软件，无法高效、安全地处理海量隐私数据。因此，产业区块链技术指标及发展路径需要满足以下要求。

（1）技术指标要求

① 在 RBFT 共识算法的基础上升级，实现在超过 1000 个共识节点的环境下，TPS 大于每秒 2 万笔，共识出块时间做到在 2 秒以内。

② 通过子母链架构实现更好的扩展性，实现平台的最大使用用户数可超过 10 亿用户，同时保证多链间的跨链交互。

③ 在互联网上实现强随机数的链上生成和不可篡改。

④ 平台实现分布式私钥控制、分布式 ID、多重签名、哈希锁定等功能。

⑤ 平台实现高安全、高可靠的自主智能合约功能。

（2）技术发展路径

第一阶段：完成验证支持海量数据处理的自主可控区块链平台软件，支持国密的区块链私钥可信分发技术的技术思路，设计与实现算法模型；启动面向区块链平台软件建立安全、性能验证测试体系架构和方案设计。

第二阶段：突破自有知识产权 BFT 算法集合创新，完成 BFT 初步实现，搭建内部测试网，开发测试用应用，提供应用所需的整套技术堆栈，支撑百万级别用户；突破国密的区块链私钥可信分发技术，基于代理重加密技术、阈值签名技术等，建立新一代区块链私钥管理系统，实现分布式私钥的生成、签名、托管和恢复；完成面向区块链平台软件的功能验证、性能评测、安全评估等层面区块链质量评估能力，开发测试工具、测试系统和测试平台。

第三阶段：完成区块链平台软件的分片技术，实现千万级别用户的正常功能；完善自主可控 BFT 算法并实现全部技术指标，验证各项技术参数；完成区块链隐私数据保护的解决方案，完善应用接口，实现多个应用实例，实现亿级别用户的正常功能，完成区块链平台软件测试认证技术试验。

4.4.2 产业区块链的应用领域

在产业区块链的发展初期，通过重点领域的突破带动区块链在实体产业领域的推广发展，是一条可行的发展路径。

重点领域一：区块链底层平台

（1）应用发展概况

区块链底层平台已成为创业公司、大公司纷纷布局的关键方向，但因区块链还处于早期阶段，业界对平台的理解和实践路径并不一样。其中，公有链一直被看作区块链领域最有前景的方向，有可能推动社会进入可信数字化时代，真正开启价值互联网的新篇章。联盟链作为支持分布式商业的基础组件，则能满足分布式商业中的多方对等合作与合规有序发展要求。例如，联盟链会更适合组织机构间的交易和结算，类似于银行间的转账、支付，通过采用联盟链的形式将能打造一个很好的内部生态系统来大幅提高效率。

（2）发展重点

① 搭建公有链和联盟链的基础技术平台。

② 搭建公有链和联盟链的基础测评和质量保障平台。

重点领域二：供应链金融

（1）应用发展概况

供应链金融是指将供应链上的核心企业以及与其相关的上下游企业看作一个整体，以核心企业为依托，以真实贸易为前提，运用自偿性贸易融资的方式，通过应收账款质押、货权质押等手段封闭资金流或者控制物权，为供应链上下游企业提供的综合性金融产品和服务。其作为供应链贸易中的重要组成部分，已贯穿于供应链系统经营和管理的全过程。据分析，到 2020 年，我国供应链金融的市场规模可达 14.98 万亿元左右。

（2）发展重点

① 搭建电商金融的基础技术平台，根据具体的业务需求研究具体的应用解决方案。

② 搭建物流金融的基础技术平台，根据具体的业务需求研究具体的应用解决方案。

重点领域三：医疗健康

（1）应用发展概况

医疗健康行业的资料多具有私密性，对其阅读与管理权限的保护要求也十分苛刻。然而，中心化模式下的资料存储方式无法很好地保证资料的安全性，经常会造成病人隐私的泄露，而且一旦系统出现问题就会造成大规模的数据外泄。因此，对资料保存安全性的诉求使医疗领域出现了对区块链技术的强烈需求。区块链的可编程、匿名性特征能更好地在去中心化的环境中保护病人的隐私，其应用前景非常广阔。

（2）发展重点

① 处方区块链：建立“病历区块链”，由区块链作为患者病历记录的共享和可靠来源，可以避免由各种系统和记录产生的许多问题。

② 护理区块链：建立“护理区块链”平台，对电子健康记录、可穿戴设备、病人门户等技术收集的医疗数据进行分析，由护理人员负责访问、记录和维护数据，将使护理人员可以更加确信数据的准确性和一致性，从而改善对病人的护理。

重点领域四：商品溯源

（1）应用发展概况

商品溯源是指在商品产、供、销的各个环节中，其质量安全及相关信息能够被顺向追踪（生产源头→消费终端）或者逆向回溯（消费终端→生产源头），从而使整个生产经营活动始终处于有效监控之中。借助区块链技术，可对商品原材料流通过程、生产过程、商品流通过程、营销过程的信息进行整合并写入区块链，实现“一物一码”全流程正品追溯；还能将不同商品流通的参与主体的信息数字化后存进区块链中，信息内容包括原产地、生产商、渠道商、零售商、品牌商和消费者，最终使每一个参与者的信息可以在区块链中被查看。

（2）发展重点

① 食品溯源：搭建食品溯源的基础技术平台，根据具体的业务需求研究具体的应用解决方案。

② 药品溯源：搭建药品溯源的基础技术平台，根据具体的业务需求研究具体的应用解决方案。

重点领域五：社会管理

（1）应用发展概况

当前，社会管理存在大量的低效环节，包括公证、确认等，同时还有大量的不透明环节。将区块链技术应用在政务领域，有助于政府数据的共享开放。基于区块链技术的难以篡改、可信任等特点，针对政府各职能部门，以及政府面向民众、公安司局等不同业务职能，可以分别构建基于区块链技术的政府数据存储及监管平台，从而保障各职能部门之间数据的共享、开放与安全，实现政府权力的运行监督、绩效考核和风险防范。区块链技术可以应用于民生重要数据的记录、公证和服务，以保证数据的真实可靠和难以篡改，提升社会公信力。因此，伴随着公众高涨的参与权、平等权、知情权等，区块链技术将开启社会管理的新篇章。

（2）发展重点

① 身份认证：搭建身份认证的基础技术平台，根据具体的业务需求研究具体的应用解决方案。

② 社会公益：搭建社会公益的基础技术平台，根据具体的业务需求研究具体的应用解决方案。

4.4.3 产业区块链的典型落地案例

产业区块链技术正加速渗透、融合到各行各业，赋能实体经济，催生出新业态、新产业。本节梳理了部分典型的区块链应用案例，以供参考。

（1）半导体芯片知识产权保护功能联盟链

半导体芯片试制业务中存在芯片设计方、试制生产线等多个角色。为了进一步确认半导体芯片设计方案的知识产权归属以及生产工艺流程中的隐私数据确权使用，墨珩科技综合运用联盟链、分布式存储、智能合约等技术，解决了芯片设计方案的知识产权确权存证、芯片生产工艺参数的隐私加密、各角色行为记录的监管存证等问题。

（2）供应链金融分布式存储服务平台

奥拓金融信息服务链是奥拓电子与墨珩科技合作研发的基于区块链技术和 IPFS 的支持金融行业应用的专有链，该产品可以为金融机构、政府及企业提供更安全、更高效的分布式存储服务。

（3）宁波保税区跨境供应链清结算平台

基于国家金融政策层面的创新角度思考，结合当下中小微企业的发展需求，公司提出全业务链的数字金融解决方案，在宁波保税区管委会的引导支持下，面向进出口中小微企业、大宗商品贸易企业、跨境电商企业及服务贸易企业等服务群体，旨在帮助企业解决融资难、融资贵的问题，创建“易企融资服务平台”、B2B跨境银联人民币结算通道，打造跨境贸易“数字银联”三大板块，以区块链、大数据应用、云计算等金融科技赋能监管、服务、运营规则制定的三大职能。

（4）大宗商品动产质押融资服务平台

综合运用物联网和区块链技术，面向商业银行、保理、信托、保险等金融机构，提供仓储金融、货运金融、公共服务金融等多种供应链金融业务场景下的“动产质押监管服务”。围绕“一平台、三部曲、五系统”的建设目标，平台将按照“实物资产数字化、数字资产确权化、确权资产通证化”的业务逻辑三部曲，打造一个集智能物联网数据服务系统、资产上链确权系统、智能合约系统、业务协同系统、信用系统为一体的科技金融服务平台。

（5）基于区块链的汽车数据开放治理平台

汽车行业的信息化程度十分完备，在生产、销售、售后等各个环节都沉淀了大量的数据。数据安全的核心在于三个环节——存储安全、传输安全、使用安全。这也是数据管理（Master of Data）最核心的三个功能，我们综合运用区块链、IPFS、密码学、智能合约等技术，提出了一个打造数据开放安全工具的解决方案。

（6）区块链跨境汇兑平台

利用独特的子链技术（Micro Chain）、银关技术（Finance Gate）、分层设计架构、RBFT共识（拜占庭共识）、IPFS等高新信息技术，打造平等、可信的跨境支付网络，通过聚合 MTO、中小银行、中低收入客户，开拓全球每年 5000 亿美元的中小额汇兑市场，并与 SWIFT、Ripple 形成一线银行、中小银行、MTO 三足鼎立的市场格局。

（7）岳西县融媒体综合信息服务平台

基于国产自主可控区块链技术，针对县级融媒体平台的资源内容，在汇聚、传输、存储、制作、发布等环节进行篡改防护、存储安全防护及外泄防护。内容数据推送至村级各信息发布终端，产品保障各级终端信息发布内容的正确性、完整性、合规性、合法性，在满足县级融媒体平台内容数据安全的同时，兼顾终端内容数据安全。

（8）区块链电子发票

东港股份与井通科技合作发布了区块链电子发票产品，该产品能够实现电子发票扫码、支付、开具、上链、链上查验、记账状态上链一体化管理。双方共同成立区块链研究实验室，共同对区块链的分布式数据存储、点对点传输、共识机制、加密算法等技术进行研究，充分运用区块链的去中心化、安全性、难以篡改和可追溯等特性，结合电子发票实际业务，利用井通区块链技术，以生态联盟链的方式构建税务部门、第三方电子发票服务商、区块链技术服务商、开票企业、受票企业“五位一体”的电子发票新生态。

（9）区块链电子合同

天威云是天威诚信和井通科技联手打造的区块链电子合同应用，以电子签名法为法律基础，以数字证书和电子签名为底层技术基础，以互联网应用作为场景基础，通过公众服务平台网站、API/SDK、本地软件等多种组合方式提供电子合同产品及相关配套服务的应用平台。

第5章

金融、政务领域的区块链应用落地案例

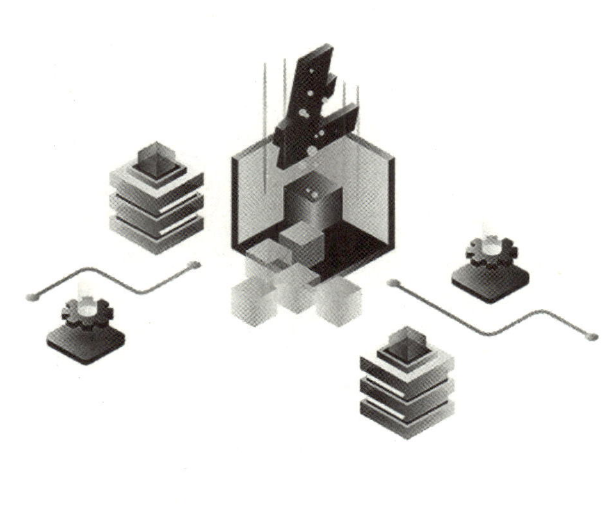

5.1 众安再保险+区块链

5.1.1 再保险行业发展现状

自 2002 年起，我国出台了一系列法规，全面推动再保险行业发展。其中，《中国再保险业务管理规定》的颁布使我国具有了专业再保险监管法规。从目前来看，我国再保险市场的潜力巨大，再保和直保之间必将密切协同发展，再保险利用其在风险管理、资本融通等方面的优势，对直保行业进行有力的推动。

我国已经是全球领先的保险市场，而且市场增长幅度惊人。但是，我国的再保险行业仍处于初级阶段。银保监会财险部主任李有祥认为，我国再保险规模与国际水平相比仍有较大差距，银保监会将积极推动再保险增值税发票的定制化，提高结算效率。

5.1.2 传统再保险交易存在的痛点

传统再保险业务过程中存在交易信息化水平低、交易双方信息不对称的问题，造成了一定程度的道德风险和操作风险。

（1）交易双方信息不对称，引发道德风险

第一，在交易过程中，再保险交易原始保单数据以及理赔数据由直保公司掌握。因此，再保险机构较难获取再保险合同中的逐单信息，而仅依靠最大诚信原则的经验运营，存在道德风险。

第二，再保险理赔涉及的客户、经纪人、再保公司的数据流量很大，核对流程复杂，索赔处理过程漫长，理赔控制困难，存在理赔道德风险。

第三，针对风险累积责任方面，再保险公司只能通过一定的模型进行估算，与实际情况存在偏差和时间滞后。这使公司无法实时了解风险责任累积情况，造成风控的滞后，也可能衍生道德风险。

第四，再保险涉及环节众多，各环节参与方从其自身利益出发，可能会使再保险信息不透明，引发道德风险。

（2）交易信息化水平低，存在操作风险

第一，目前再保险合同签订多为邮件往来，高度依赖人工反复沟通协调，交易多为手工统计，造成再保险交易合同纠纷频发。

第二，由于再保险业务核保主要以人工统计为主，实际操作中易出现再保险人累积责任计算问题。不同分出公司的合约业务、临分业务之间的交叉造成再保险累积责任计算、核保存在信息失真风险。

第三，再保险临分业务存在大量分出人、再保险人多头重复录入数据的情况。这使业务信息相互交叉，财务对账冗长，从而导致业务效率低下、错误频出等问题，造成运营成本增高，存在操作风险。

第四，再保险历史数据存储分散，对经验数据挖掘处理水平较低，风险评估和精算定价等环节操作风险高。

再保险业务中存在的潜在道德风险和操作风险严重影响了再保险交易方的信心，增加了再保险交易成本，严重阻碍了再保险市场的健康发展。

5.1.3 区块链解决方案

众安再保险区块链的设计理念

（1）再保险区块链的应用定位

众安再保险区块链（RIC）的定位是联盟链。这是一种注册许可的区块链，仅限于联盟成员参与，可以根据应用场景来决定对公众的开放程度。在本方案中，数据的读写权限、参与记账权限按照联盟规则来制定，其共识的过程由预先选好的节点控制，因此适合对安全和性能要求较高的场景。

再保险区块链可运用于财产险合约再保险、财产险临分再保险、人身险合约再保险、人身险临分再保险和转分保等业务场景，能有效解决保险公司和再保险公司的信任问题，并提升交易效率。

再保险区块链主要由交易主体、平台运维主体和监管主体等类型的参与方构成，其整体架构如图 5-1 所示。

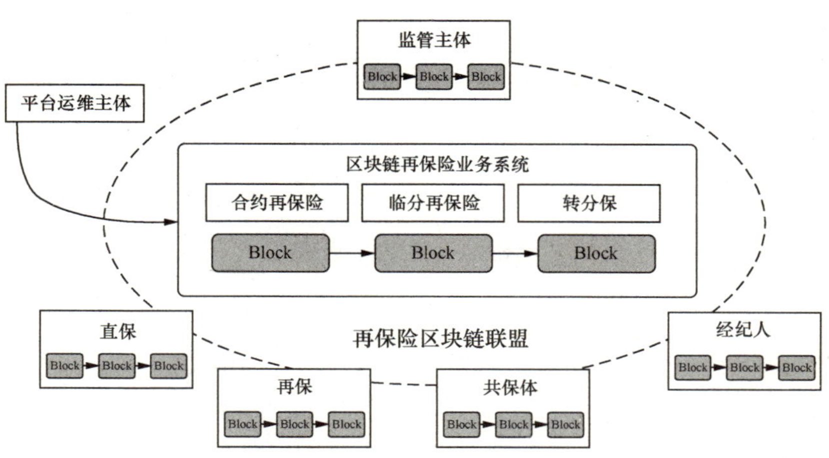

图 5-1　众安再保险区块链参与主体架构图

（2）再保险区块链“一区、双块、多链、全程”的设计思路

“一区”是指再保险交易的分布式系统，所有再保险业务主体都将运行在同一区块链底层平台，并以节点的形式形成一个区块链联盟。联盟内所有数据传输、交易以及各机构本地化存储方式都以统一规范准则与技术框架进行，保障了联盟内交易的便捷性。

“双块”是指在再保险核心数据和校验数据并行的双层块结构。业务核心数据均以可信执行环境加密数据仓库（Trusted Execution Environment Data vault，TEED）的形式保存在用户本地。在实际业务交易过程中，完整文件仅在交易双方交换、镜像和备份，业务核心数据所对应的校验数据将以哈希值的方式在区块链中进行流通记录存证，存证信息也通过区块链的方式全网同步，利用区块链难以篡改的机制对交易过程进行记录背书。

“多链”是指分入分出公司间的多链市场交易生态。利用底层区块链技术的难以篡改特性，将再保险交易过程按照交易流程、信息存证、合同管理等场景形成交易链、存证链等多种不同类型的链。这些链各司其职，在不同业务层面发挥存证背书的作用，支撑整个再保险交易过程的安全与完整。

“全程”一方面是指再保险区块链所承载业务的全流程执行数据必须在再保险区块链上全程体现，另一方面是指再保险区块链平台全程操作日志也必须按照有关规定在区块链上留痕。其目的在于实现再保险业务全流程监管与平台全程安全审计。

（3）再保险区块链的监管机制

① 再保险区块链的联盟共治

在对再保险区块链进行管理的过程中，既要充分发挥监管机构在行业和

机构组织中的凝聚引领作用，又要突出联盟主体之间的共治。多角度解决联盟各个成员间的协调沟通、服务资源优势互补难的问题，理顺联盟共建联结带。综合再保险产业链上下游监管机构、分出公司、分入公司、经纪人等各方特点和需求，推进联盟内各机构交易的互联互通互动互融。坚持顶层设计，健全议事协商、承诺办结、流程统一、交易标准化、双向结算清单等机制，实现工作顺畅运转。与机关、企事业单位、再保险各方机构组织实行“组织联建、标准共建、共治自律”，逐渐吸纳各方机构进入共驻共建体系，使“独角戏”变为“大合唱”。联盟间机构签订共建协议，围绕共同目标建设统一再保险区块链网络，有效破解“建而不联、联而不合”的困扰。整合共治共享资源网，充分挖掘联盟各方的资源，运用区块链、AI 等高科技实现业务升级，形成多赢局面。

② 再保险区块链的金融监管

在对再保险区块链联盟的监管过程中，平台引入了监管沙盒机制。监管沙盒让参与者在可控的生产环境中创新再保险产品和服务，遵循明确界定的空间和时长。监管机构对试点业务的全过程进行监控，并对业务风险情况进行评估，以便于实现事中、事后监管。

在政策引入监管沙盒的同时，再保险区块链也可以实现全程实时非现场监管，即监管主体应对交易主体的业务活动及其风险状况进行非现场监测。监管方可对交易行为进行实时监测，并通过再保险区块链的功能实现智能的分析、评估交易风险状况。同时，监管方还可以在平台上生成监管所需要的报表和审计报告，用于完善全程智能实时非现场监管工作。

再保险区块链的实现方案

（1）再保险区块链整体技术标准

再保险区块链的整体架构基本参考《中国区块链技术和产业发展论坛CBD-Forum-001-2017》相关标准，并根据再保险行业特点进行优化，其通用分层框架如图5-2所示。

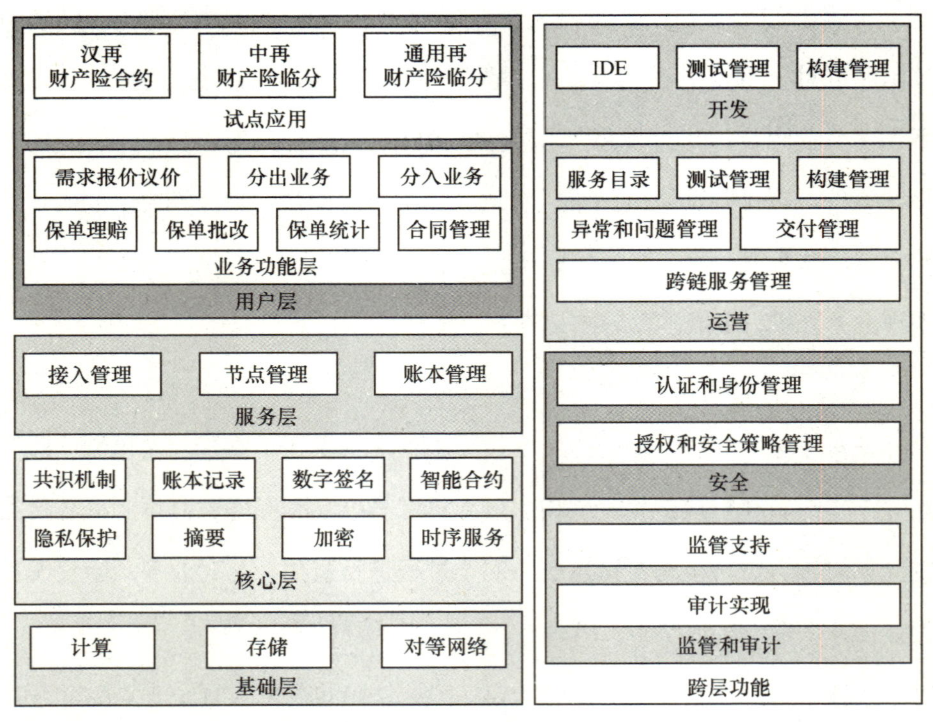

图5-2 再保险区块链通用分层框架图

再保险区块链主要分为三大系统：区块链底层平台系统、再保险区块链业务平台系统和再保险区块链运行配套系统。

其中，区块链底层平台系统包含支撑区块链运行所需要的核心功能和服务，主要包含共识机制、智能合约等功能，以及接入管理等服务；再保险区块链业务平台系统是主要构建在区块链底层平台系统上的业务应用系统，它主要面向具体业务场景，支撑整个再保险业务活动的日常运行；再保险区块链运行配套系统主要针对再保险区块链系统运行过程中的迭代开发、日常运营、安全管理，为监管审计提供系统性支撑，从而保障再保险区块链的稳定运行与持续发展。

（2）再保险区块链底层机制

再保险区块链的底层平台系统如图 5-3 所示。

图 5-3　再保险区块链底层平台系统

该系统主要实现了再保险区块链的底层机制，包含核心层与服务层。其中，区块链服务层为上层用户层的业务平台系统提供了区块链接入服务。通过调用核心层功能组件，系统为用户层提供可靠且高性能的接入服务。区块链核心层则提供了共识机制、隐私保护、加密等区块链系统运行的核心服务。

（3）再保险区块链的共识机制

再保险区块链的共识机制如图 5-4 所示。

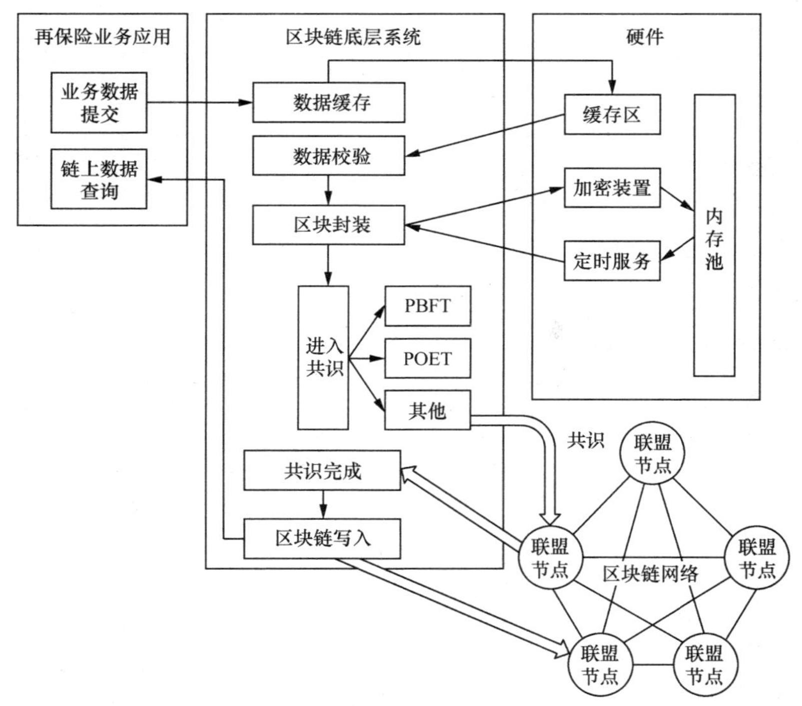

图 5-4　再保险区块链共识机制

该机制在设计方面具有以下特性：支持多个节点参与共识和确认；支持

独立节点对区块链网络提交的相关信息进行有效性验证；防止任何独立的共识节点未经其他共识节点确认而在区块链系统中进行信息记录或修改，并且应具备一定的容错性（包括节点物理或网络故障的非恶意错误、节点遭受非法控制的恶意错误，以及节点产生不确定行为的不可控错误）。此外，该机制需遵守开放、灵活、安全、准确等原则，即在共识的过程中，数据必须校验以保证其准确性；在数据进行加密处理的时候需要通过硬件或者其他手段保障数据处理速度和安全管控；同时，在共识具体算法的选择和更替机制上应保持开放、灵活的设计，以适应再保险行业不断变化的业务场景。

（4）再保险区块链的安全机制

再保险区块链中联盟机构单位对其业务、数据安全、数据吞吐量、处理效率和保密性都有较高的要求。因此，在实现区块链底层系统时，平台采用了基于硬件的可信执行环境（Trusted Execution Environment，TEE）技术提高系统吞吐率，实现交易数据保密。业务核心数据均在可信执行环境中执行加密操作，并保存在本地数据仓库中。

再保险区块链的每个成员单位在本单位的企业网内部署一个或多个区块链节点，用单独的 DMZ 隔离保护。位于 DMZ 以外的企业自身业务应用通过 RPC 向区块链节点进行查询或合同提交等操作，区块链节点本身的安全由主机入侵防护、防病毒、应用白名单等技术进行保护。每个区块链节点包含由硬件支持的 TEE，统一保护区块链节点中所有的密钥和机密数据，根据区块链节点其他模块的请求，在受保护环境下进行计算并返回结果。再保险区块链总体部署和安全框架如图 5-5 所示。

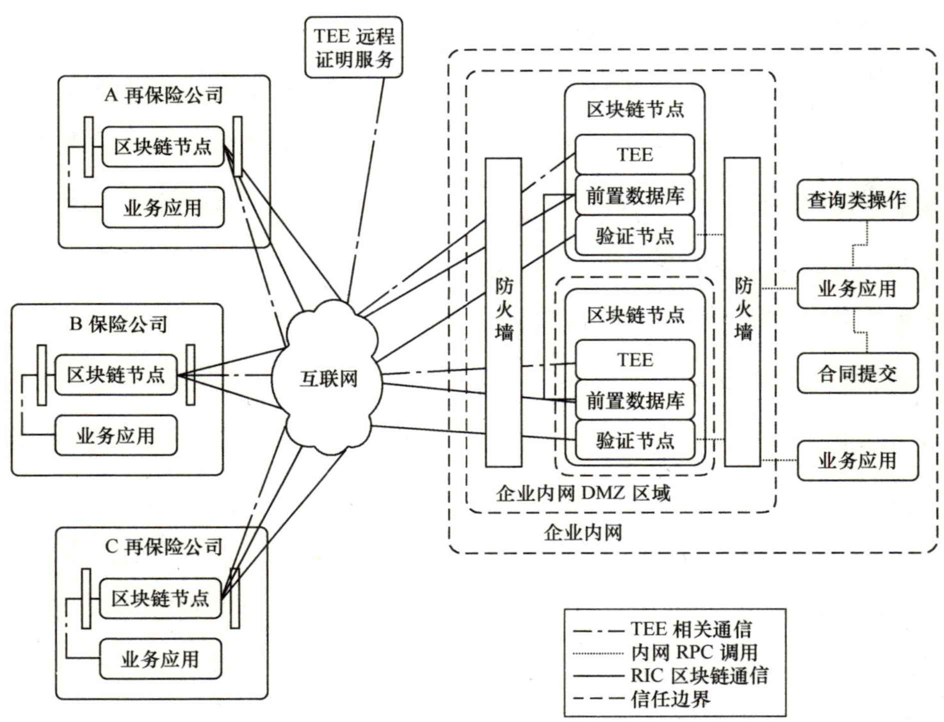

图 5-5 再保险区块链总体部署和安全框架

（5）再保险区块链身份体系管理

再保险区块链作为联盟链的一种，主要包含用户、企业、联盟三种身份：用户拥有数据录入和查询的权限，企业拥有管理加密后的数据的权限，联盟节点负责监管企业身份的权限。

联盟监管节点通过管理加密硬件保障企业节点的安全性和可靠性，即通过管理加密的公钥鉴别验证企业节点数据和加密的业务数据的可靠性和唯一性。企业节点通过管理区块链节点把数据的验证码上链，从而验证前置数据库中数据的真实可靠性以及保障业务数据的唯一性。节点通过可信执行环境加密仓库保存隐私数据实体，通过与关联方可信执行环境加密仓库进行数据实体的交互。再保险区块链采用基于多因素的用户验证手段。相比单纯基于软件的多因素验证方案，基于硬件增强的方案通常能提供更全面的保护。在用户登录域账户或网络账户时，由可信第三方控制使用多种加固的因素的不同组合来进行验证，包括用户知道什么（如 PIN 码）、用户拥有什么（如蓝牙连接的手机）、用户是谁（如指纹和面部识别）。再保险区块链多因素身份管理如图 5-6 所示。

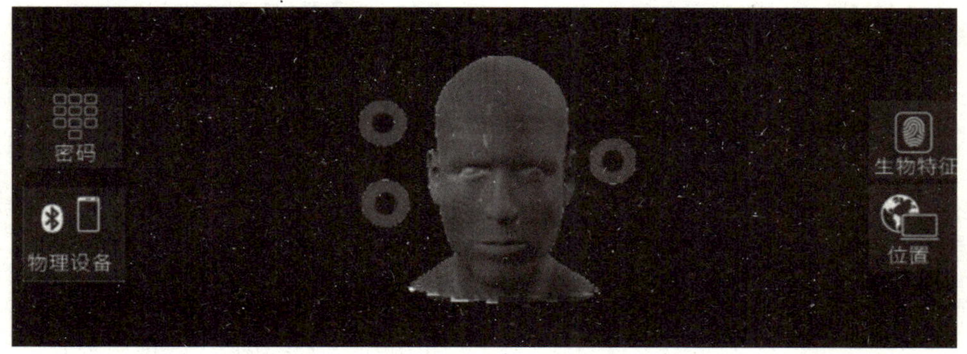

图 5-6　再保险区块链多因素身份管理

在身份密钥管理方面，平台通过硬件技术将重要的两个私钥分别保存在每个验证节点和前端数据库所在的设备上。其对应的公钥会由可信第三方进行记录，用于鉴别验证节点和前端数据库在链上的身份。

再保险区块链项目中还包括在链下的前端数据库应用，其中的数据均为加密存储。在解密其中部分数据用于传输或查询之前，也应采用多因素验证用户身份，并将用户的身份和操作过程记录在链上以供审计。再保险区块链节点验证如图 5-7 所示。

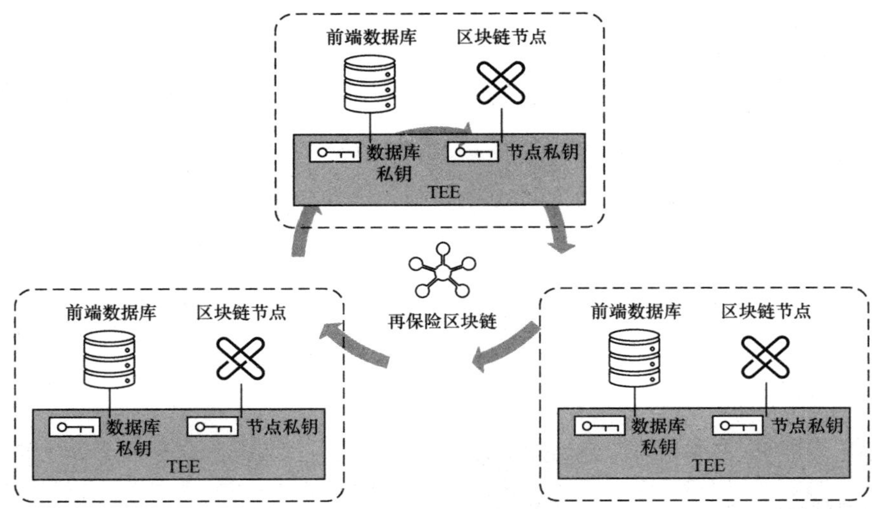

图 5-7 再保险区块链节点验证

再保险区块链业务平台系统

（1）平台架构

再保险区块链业务平台系统的架构如图 5-8 所示。其中，前置数据库是为了对再保险区块链系统中核心业务数据进行安全存储与管理；机器学习模块提供上层监管模块智能风险管控能力；再保险业务系统则支撑着整个再保险系统的再保险业务流程，以及业务执行过程中配套的合约管理、安全监管、数据管理等功能。

（2）核心数据库与数据治理

再保险区块链强调同业或跨行业机构或组织间价值与协同的强关联性，以及联盟内部的弱中心化。平台以降低成本、提升效率为主要目标，以强身份许可、安全隐私、高性能、海量数据等为主要技术特点。因此，联盟链必须确保由参与的主体共同自治，并拥有高度治理结构的协议或商业规则。如果出现异常状况，平台可以启用监管机制和治理措施做出跟踪惩罚或进一步治理的措施，以减少损失。同时，为了解决海量数据的问题，数据的主体保留在参与方各自的前置数据库中，而数据生成的哈希值则被记录在链上，对链上的所有节点都可见。该哈希值可被数据参与方用来校验数据的真实可靠性。

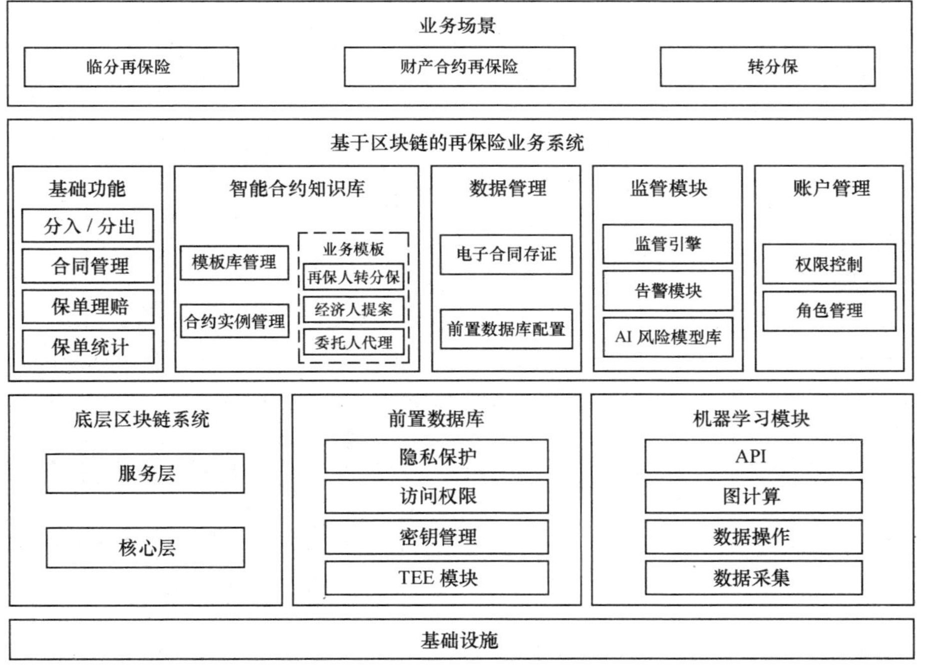

图 5-8 再保险区块链业务平台系统架构

再保险区块链本地节点系统架构如图 5-9 所示。由图可知，本地应用构建在企业内部网络环境中，首先通过可信执行环境对数据进行加密；然后将加密后的数据作为离链数据保存在前置数据库中；最后通过前置数据库进行哈希计算，将计算结果和关键数据发布在链上参与数据同步。前置数据库中仅保存需要同步的加密数据，只有在解密后才能获取到数据本身，从而保障了数据在传输过程中的安全性。同时，前置数据库兼备了区块链数据传输的中间件功能，负责监控和管理数据上链和离链数据传输。

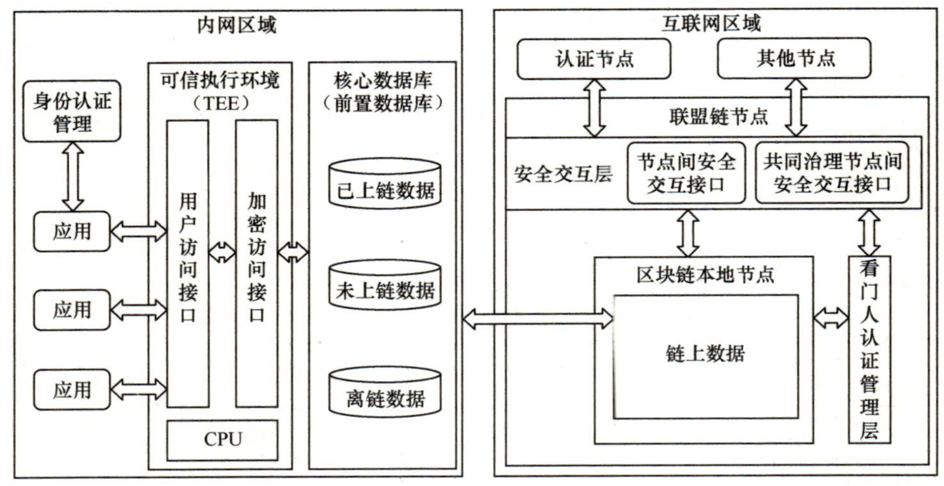

图 5-9　再保险区块链本地节点系统架构

参与方的前置数据库中保留了所有和参与方相关的数据及交易对手的数据，区块链上的哈希值保证了双方数据的真实可靠。在联盟链中，数据主体被保存在各参与方本地，由参与方负责保证数据的可用性，由区块链保证数据的真实有效，并且均符合联盟链数据交互的特点。各参与方的数据交换如图 5-10 所示。

共同治理节点仅负责对节点间数据交换进行管理，无法解密被加密的数据内容。节点间数据传输流程如下：首先，节点利用数据主体内的数据接收方信息，向共同治理节点请求接收方节点认证信息；其次，节点向数据接收方发起数据传输请求，由数据接收方从数据发送方获取加密数据；最后，数据保存在数据接收方的前置数据库中，从而保证数据相关方离链数据的完整性。

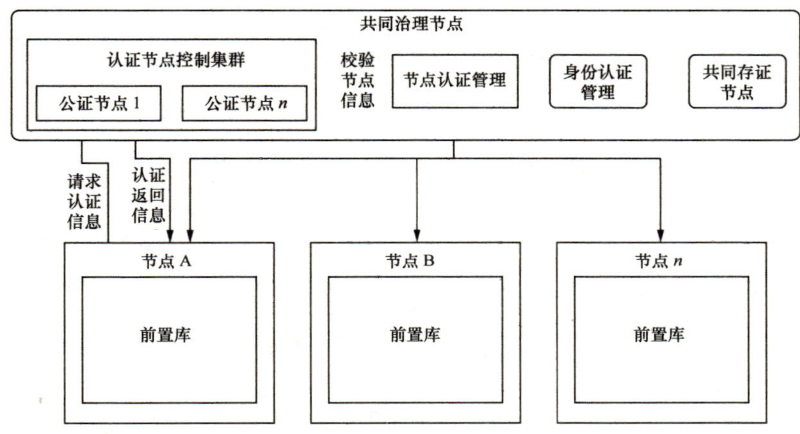

图 5-10　再保险区块链各参与方数据交换

在数据传输与治理方面，再保险区块链的业务数据传输机制是在每件业务涉及的各方之间同步业务相关文档（业务数据）。该同步过程通过链下的点对点安全信道完成。当前已实现了两方之间的文档安全同步过程，并通过重复这个过程，实现授权保存本地副本的多方之间的文档同步。

每当一个参与者启动文档上传过程时，数据库会自动检查文档应被同步到哪些位置。如需要同步，数据库则通过查询目标节点上数据库的公钥（数据库身份），并用此公钥加密文档，然后将加密后的文档以点对点方式传输到目标节点。目标节点检查文档完整性后，将电子收据返回给发送方。

区块链中的数据隐私性和保密性是企业环境中部署区块链的关键挑战之一。在再保险区块链的实现过程中，我们使用分离关注点的方案保障数据的隐私性和保密性。数据仅被发送到与业务相关的各方。同时，数据的哈希值可以被记录在链上，对链上的所有节点都可见。

监管沙盒机制与模块的实现

从狭义上来说，再保险区块链的监管沙盒实际上是在再保险区块链平台上建立一条完全独立的创新试点链。该监管沙盒将需要创新与试点的再保险业务应用的核心业务数据与日常业务完全分离。在创新试点链上，创新业务上线审批流程、业务数据的开放、权限管理机制及监管权限与普通业务完全不同。该机制通过管控企业机构间应用数据的互相通信，增强了业务运行的安全性与可监管性。当试点业务出现风险时，监管机构可以直接对监管沙盒内业务进行强制暂停，从而及时减少损失。

从广义上来说，再保险区块链的监管沙盒机制还包含通过智能化的手段对平台业务进行管控，其模块结构如图 5-11 所示。

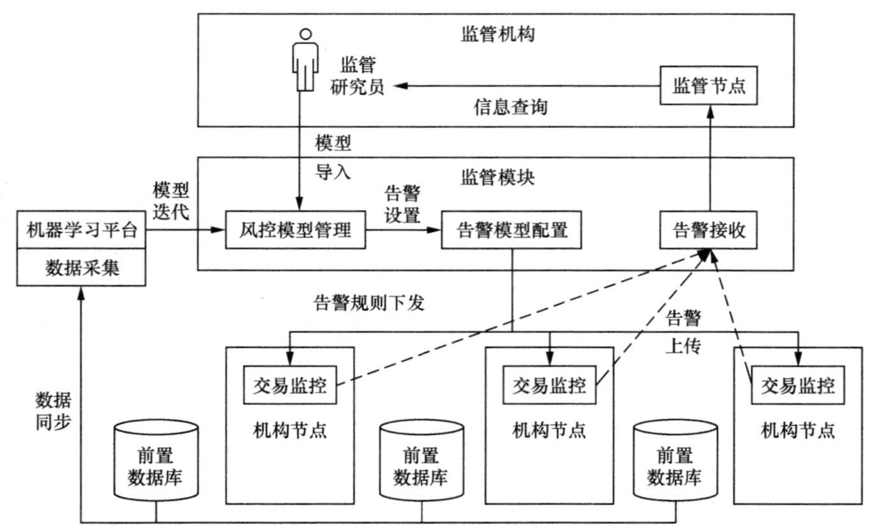

图 5-11　再保险区块链监管沙盒机制和模块

风险评估系统

再保险区块链系统在进行交易风险管理的过程中，可以通过机器学习模块对交易进行风险评估。该评估过程主要包括准入和信用管理、实时交易管控、事后反馈三部分。

其中，准入和信用管理是在联盟成员加入联盟时对该企业进行的信用评级。该过程按照信用评估模型，通过验证企业营业执照，结合多维数据仓库（包括征信数据仓库等）与各种第三方数据对企业信息进行认证。在机构间进行实时交易时，平台可以监控核心业务数据与企业信用评级等信息，通过离线与实时两种方式对数据进行预处理，并通过建模对交易情况进行评估，根据管控内容进行人为审核管控。

对于评估结果，可以通过人工干预等方式继续优化相关算法模型，从而提高风险评估算法的准确性。风险评估系统如图 5-12 所示。

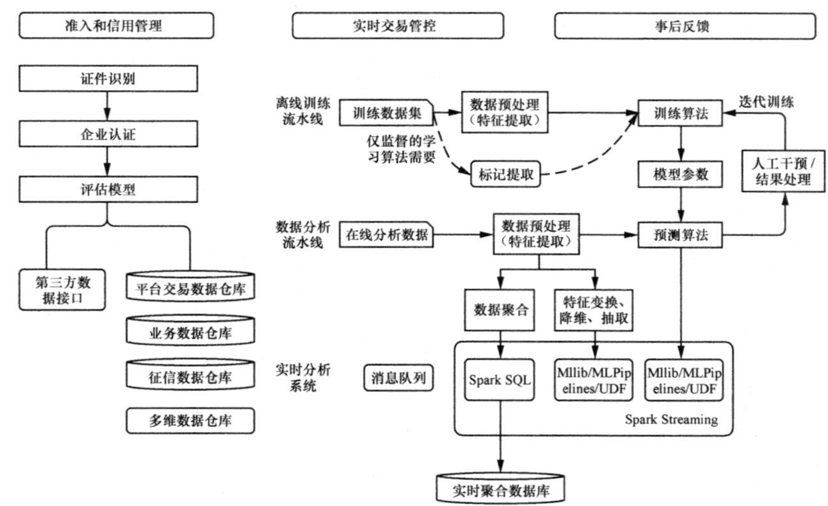

图 5-12　风险评估系统

5.1.4 行业展望

再保险区块链将形成“一个联盟，两个支撑，三个阶段，多方共赢”的总体目标框架，即以再保险区块链联盟为核心，依托技术平台与共治监管两大支撑体系，分“联盟共驻”“平台共建”“生态共治”三个阶段分步走，最终实现再保险市场各参与者和监管者的多方共赢。再保险区块链的作用与意义将是深远的。

通过再保险区块链在再保险领域的应用，促进金融科技与再保险发展深度融合，提升再保险交易效率，提高数据安全性；逐步消除行业信息壁垒，不断强化行业发展的数据积累与信息化基础，提升再保险行业的整体能力。

通过再保险区块链落地，将上海建设区域性再保险中心的经验做法向全国复制推广，立足上海，服务全国，辐射全球；加强国际交流与战略合作，不断扩大再保险区块链的国际影响力，积极参与再保险国际竞争和合作。

通过再保险区块链的顶层设计，积极探索建立再保险风险监测、评估、预警和处置全流程的智能风险防控体系，在再保险领域研究和探索监管沙盒的新监管模式。

5.2 电子政务+区块链

5.2.1 电子政务发展现状

我国电子政务与信息化的发展轨迹高度吻合，主要经历了“办公自动化—管理部门电子化—政府上网—全面建设电子政务”四个阶段。

第一阶段为办公自动化阶段（20世纪80年代至90年代中期），政府开始引入计算机、打印机等现代设备提高办公效率和质量。

第二阶段为管理部门电子化阶段（1993年至1998年），典型代表是1993年启动的“三金工程”，即政府为推动信息化发展而鼓励将计算机应用在专业领域，如金关、金税和金融监管。

第三阶段为政府上网工程阶段（20世纪90年代末），政府机关开始大规模地在网上公开一些公开性的政务信息，如政府机构组成、办事章程等。

第四阶段是“十五”规划期间，国务院办公厅提出的“三网一库”工程开启的全面建设电子政务阶段（21世纪）。“三网”指的是内网、外网和专网，“一库”指的是政务信息资源库。

随着社会和技术的发展，我国政府不断出台新的政策深化电子政务建设。2002年颁布的《关于我国电子政务建设指导意见》，开启了我国电子政务建设的新征程。自2003年开始，我国电子政务建设的“两网一站四库十二金”工程为电子政务发展打下了坚实的基础。

电子政务作为政府管理现代化改革的重要内容，在提升行政管理效率、提高民众参与度和推动政府职能转变中发挥着重要的作用。多年来，电子政务的发展促进了我国政务的透明度，加强了资源共享和决策的科学化，提升了政府的服务水平和公信力。

《2018联合国电子政务调查报告》显示，我国电子政务发展指数为0.6811，排名全球第65位，处于中等偏上水平。总体来说，我国电子政务发展目前处于由电子化到数字化、由智能化到智慧化的阶段，因此，充分利用信息技术推动政务管理模式的改革是我国提高政府公共服务效率的重要前提。未来，我们需要不断利用大数据、云计算、区块链、人工智能等新兴技术实现政府内部业务系统与外部业务系统之间的资源整合和系统集成，实现跨部门业务无缝协同、信息实时共享，以完成跨职能部门业务的联合审批和智能监管；促进政府职能转变，打造科学、精准、高效的服务型政府；解决“办证多、办事难”“冤枉路、跑断腿”的问题，即实现“一门一次一窗”。“一门”是指实现办事只进一次门，无须跑多个政府机关。“一窗”是指实现申请人材料“一窗式”递交，无须跑多个窗口。“一次”是指业务一次性办结，无须申请人跑多次。

然而，目前由于我国政府各职能部门之间仍然普遍存在系统孤岛、信息孤岛现象，跨部门业务难以实现无缝协同。同时，政务对于信息的安全性、真实性的要求往往很高。因此，打造可信、安全的跨部门信息共享平台，将是为民众实现“一门一次一窗”政务办理体验的关键。

5.2.2 电子政务面临的痛点

随着经济社会的不断发展和民众对政务办事体验要求的不断提高，我国目前的电子政府系统弊端日益凸显。现阶段以 CBA 平台（Cloud Computing，云计算；Big Data，大数据；Artificial Intelligence，人工智能）为代表的电子政务系统仍然存在的以下问题，成为制约电子政务进一步发展的重要瓶颈。

（1）架构臃肿

目前，我国各地方政府、各职能部门之间的信息系统独立建设，导致终端、系统软硬件开发成本加大。随着政务系统平台化的发展，对建设标准不一的系统进行融合改造、完成对接的难度和成本比较大。

鉴于此，目前大多数省市采用的方法是重新构建一个统一的中心化平台来实现业务的整合和平台化发展。这种“一刀切”的方式虽然在一定程度上解决了系统标准化的问题，但也引发了现有政务系统新旧并存、架构臃肿，以及由于新系统不能适配所有下属职能部门的业务而出现局部的“不好用”“不能用”等问题。

（2）信息壁垒

系统的独立建设导致了数据库相互独立且系统不兼容，信息整合难度大，个人/法人政务信息难以实时更新、共享。其弊端具体表现在跨部门联合审批时需要通过函调的方式来获取个人/法人在其他部门的信息，让群众来回跑路，办事体验差。同时，由于下属各部门的信息孤岛问题，上级部门无法有完整的数据，不利于形成客观、有效的决策及制定宏观规划。

（3）效率低下

由于缺乏可信的信息共享平台，群众在办理跨地区、跨层级、跨部门业务时需要往各个部门多次跑动，重复提交资料信息，时常出现资料出错、资料欠缺、部门权责不清等问题，严重影响了办事效率和办事体验。

同时，对于政府部门来说，需要通过函调的方式来获取其他部门的信息，还要对群众的个人材料重复进行审核、盖章，无法实时获取跨部门业务的办理进度，导致办事效率低下。

（4）监管缺失

信息系统未能实现实时的互联互通，导致政务流程信息碎片化，难以形成完整的信息链。另外，传统中心化系统未能保证信息的真实性和可信性，作弊造假现象时有发生，扶贫项目中的虚假申报、资金截留等现象层出不穷，出现问题也难以追责到人，难以形成可信、可溯的监管机制。

（5）安全隐患

目前，在实现数据跨平台对接交互的过程中，中心化平台存在信任、安全和效率之间的矛盾，而通过重新建设统一中心化平台来实现跨部门业务协同的方式，则存在内部信息权限管控和安全的隐患。

5.2.3 区块链解决方案

我国区块链在电子政务领域的应用始于2017年。2017年7月8日，北京出台的《区块链推进政务服务“一网通办”二作实施方案》明确提出将区块链技术应用于政务服务。区块链技术的兴起恰好为突破电子政务现阶段的瓶颈提供了契机，基于区块链多中心化的数据架构、密码学技术、时间戳等特性，可以实现电子证照在各个政府职能部门所组成的区块链网络上进行可追溯的信任传递，构建起个人/法人的可信数字身份，打造跨部门、跨区、跨市、跨省的电子证照区块链共享平台，为政务协同、政府监管奠定基础。

系统架构设计

广州运通链达金服科技有限公司基于区块链技术的政务信息共享及业务协同平台系统架构如图5-13所示。该平台利用区块链技术的难以篡改、分布式架构、智能合约、非对称加密的技术特性，实现个人/法人的政务信息（特别是电子证照）在跨部门区块链网络上进行可信、安全的传递和共享，解决跨部门信息交互的权限管理和共享效率的问题。

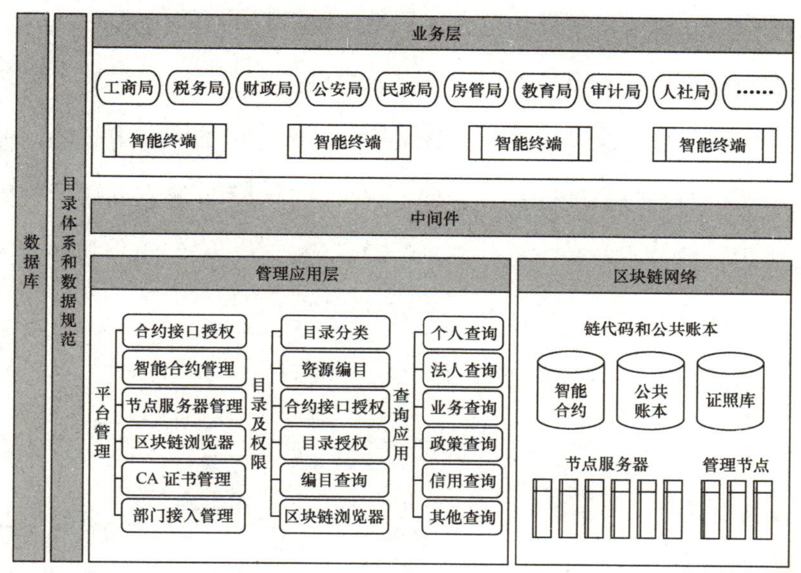

图 5-13　基于区块链技术的政务信息共享及业务协同平台系统架构

同时，依托区块链技术的可拓展性，平台还可以将政务信息共享的内涵延伸到个人/法人办事的交易记录，并通过区块链网络连接政务终端以打破终端之间系统不兼容的问题，实现办事群众在任何一个终端节点上的关键交易信息都上链存证。

区块链应用场景

区块链政务信息共享平台的建设是实现电子政务平台化发展的有力支撑，它解决了政务部门之间数据实时共享和权限管理的问题。

（1）数字身份与政务协同

由于政府各职能部门之间的数字证书和电子签章不互通互认，没有统一标准，信息系统割裂，导致个人/法人在办理业务的过程中需要重复提交资料，而相应的政府职能部门也需要重复地校验资料的真伪，由此降低了行政效率，造成办证难、用证难问题。基于区块链技术的政务信息共享构建起个人/法人的数字身份，保证了身份数据的完整性、可信性和隐私性，可以有效解决跨部门身份信息的归集、管理、安全、调用等问题，简化了政务协同的审批流程，提高了行政审批效率，为“一门一次一窗”的实现助力。基于区块链技术的数字身份应用场景如图 5-14 所示。

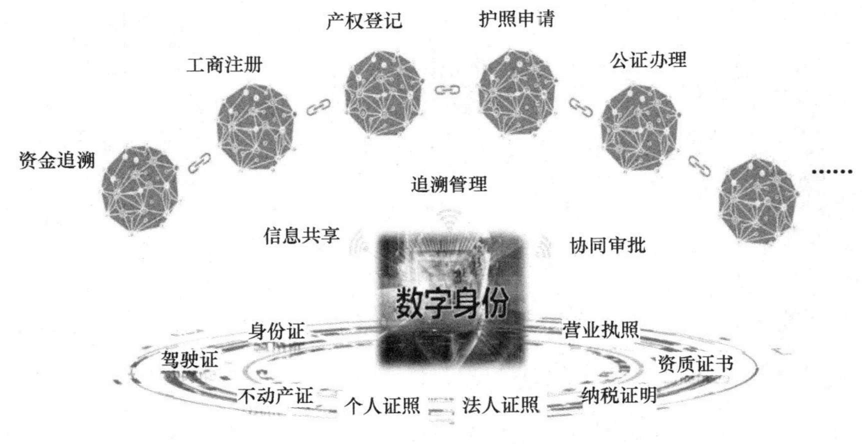

图 5-14　基于区块链技术的数字身份应用场景

① 数字身份的创建

个人/法人在某个政府部门或智能政务终端初次办理事务时，通过生物识别设备进行人脸、指纹识别，并与公安系统登记的身份信息进行比对、校验，最终存储在区块链上，形成初始的个人/法人数字身份。

② 数字身份的完善与调用

当个人/法人再次办理政务业务时，通过人脸、指纹或身份证等进行比对验证后，即可解密访问个人存储在区块链网络上的数字身份，并授权相关部门调用信息以完成业务办理。由于存储在区块链网络上的数字身份信息已经过先前政府职能部门的验证并且不可篡改，新的政府职能部门在办理业务时就无需重复核实相关信息，从而提高了行政效率和服务水准。政府职能部门在办理新业务的过程中，也可以为个人/法人写入新的政务信息并存证在区块链上，实现对数字身份信息的多次校验和实时更新，不断完善数字身份档案信息。

③ 数字身份的协同应用

随着电子证照共享平台的拓展和数字身份的不断完善，可以对接跨部门协同业务，打造政务服务“一张网”，简化服务流程，实现个人/法人办事“一口受理”、全程服务，让群众办事更便捷、更高效。

案例一：房产交易

将房产交易与平台进行对接，实现国土、地税、财政等多个部门的业务协同与合并，设立综合窗口，让办事人在综合窗口完成材料的一次递交和授权办理，即可将数字身份信息共享给相关业务部门以完成审批流程。南京市通过应用区块链实现了商品房交易登记由原来的8个环节、往返大厅2～3次，简化至2个环节、往返大厅1次，极大地提高了政府行政效率。

案例二：人才落户

基于区块链技术实现公安、工商、人社、学信网等部门的互联互通，做到学籍信息、房产信息的上链存证，完善个人数字身份信息，以实现人才落户的在线申请和审批，减少线下调查、审核的操作，提高人才落户和补贴发放的效率及透明度。

（2）审计监管

1999年，审计署开始编制审计信息化发展规划，并按照国家基本建设项目程序组织实施；2002年，审计信息化系统建设项目（简称“金审工程”）通过批准，金审工程一期（2002—2006年）致力于硬件建设和软件应用系统建设，金审工程二期（2007—2012年）集中在联网审计建设。目前，我国金审工程处于第三期，旨在推进联网审计的应用，加快电子审计体系建设。

企业在发生经济活动时会产生较高的信用成本，而审计则需要耗费大量的精力去核实经济活动的真实性和准确性，加上审计程序的限制和人员的诚信道德方面的难题，审计风险难以控制。以政府投资项目审计为例，审计过程涉及多个部门和机构，包括内部的投资处、办公室、法规处、行政处，以及外部的被审单位、会计师事务所等，各部门、机构之间的数据往往都是各自存储、自行定义。由于缺乏统一、高效、可信、安全的信息互联互通技术平台，传统审计工作存在不少痛点。

第一，数据孤岛现象严重，具体表现为数据之间缺乏关联性、数据库彼此无法兼容、数据标准不统一。

第二，数据真实性受疑，即被审单位有可能会对外提供低质量甚至虚假的财务信息。此外，各单位或项目汇交的数据还存在部分属性空缺、准确性无法验证、信息可信性受质疑的问题。

第三，全流程监控难。由于缺乏可信的信息共享平台，在传统审计工作过程中可能出现人员渎职、数据篡改等问题，并且难以进行数据和权责追溯，影响审计工作的透明性和公正性。

第四，效率和灵活度低。在传统工作模式下，审计人员需要亲自前往被审单位实施审计工作，以确保被审单位提供的数据的可信度。这种工作模式不但耗费大量人力，而且难以形成有效的审计证据追溯链。

基于区块链技术打造审计工作全流程可信任、可回溯的完整解决方案，将审计全流程的数据包括“被审单位数据”“审计过程取证”“工作底稿”“询证函”“延伸审计”“数据分析”及“可疑数据集生成”上传到审计链上，保证其不可篡改，从而为追溯审计提供了强有力的支撑，也为审计数据及审计过程赋信、简化审计流程、提高审计工作效能、创新审计工作方式提供了支持。基于区块链的审计监管流程如图 5-15 所示。

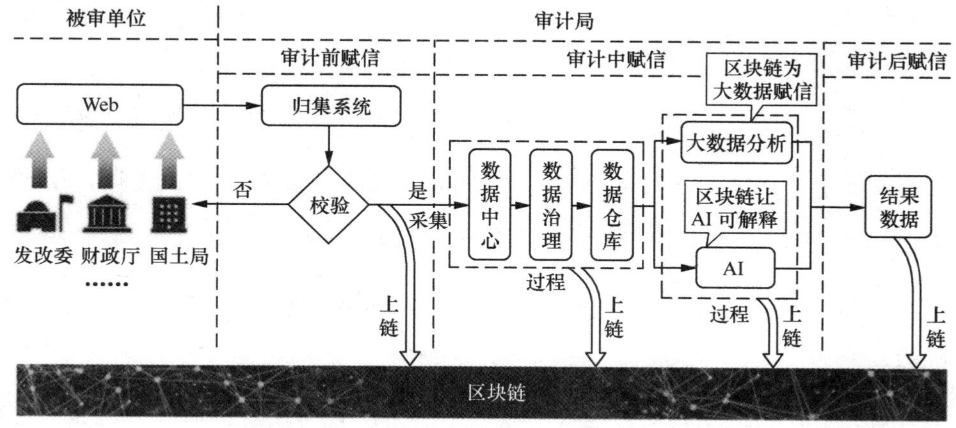

图 5-15　基于区块链的审计监管流程

区块链技术在审计监管场景中的应用具有以下亮点。

一是造假预警，即利用哈希值判断被审单位提交的数据文件是否为原始文件，能够有效识别出被审单位恶意造假历史数据的违规行为。

二是存证溯源，即将审计数据全流程上链存证，利用区块链难以篡改和时间戳的技术特性，确保审计数据真实可信，能够进行追溯追责。

三是实时监控，即采用区块链的分布式架构和密码学技术，能够在不侵犯各单位、机构数据隐私的前提下，实现审计局、被审单位、财政局、会计师事务所等部门及机构的互联互通，对部分信息进行实时的共享，以推动审计监管由事后向事中甚至事前审计变革。

（3）财政资金流向管理

2019 年 6 月，我国财政部印发《财政部财政扶贫资金动态监控工作规程》及《财政部门财政扶贫资金违规管理责任追究办法》，严格财政扶贫资金监管，要求每一分钱用在脱贫攻坚的“刀刃”上。然而，现有财政扶贫资金管理系统虽然初步实现了信息化，但其基于传统互联网所搭建的财政扶贫资金管理机制的可信度不足，各个部门之间系统存在标准不一、信息孤岛的问题，导致财政补贴过程中补贴对象失准、补贴项目成效低、资金流向难溯难查、补贴信息不对称，这些现象在精准扶贫及政府投资项目中尤为显著。相关项目在申报、审批、实施、拨款、验收过程中，存在虚假申报、重复申报、资源错配、反馈迟滞、非法截留、难以监控等各种各样的问题。

利用区块链的分布式数据库实现财政局下属各科室申报项目的跨部门信息共享，可以解决系统标准化的问题。同时，将项目从立项到验收全流程数据上链，交叉验证并识别资金流向可疑的项目，通过智能合约实现对可疑项目的自动预警，可以解决传统财政资金补贴项目信息未能实时互通互享、申请人重复申报、下级部门非法截留资金等问题，提高财政补助资金动向反馈的及时性和充分性。财政资金流向全生命周期管理流程如图 5-16 所示。

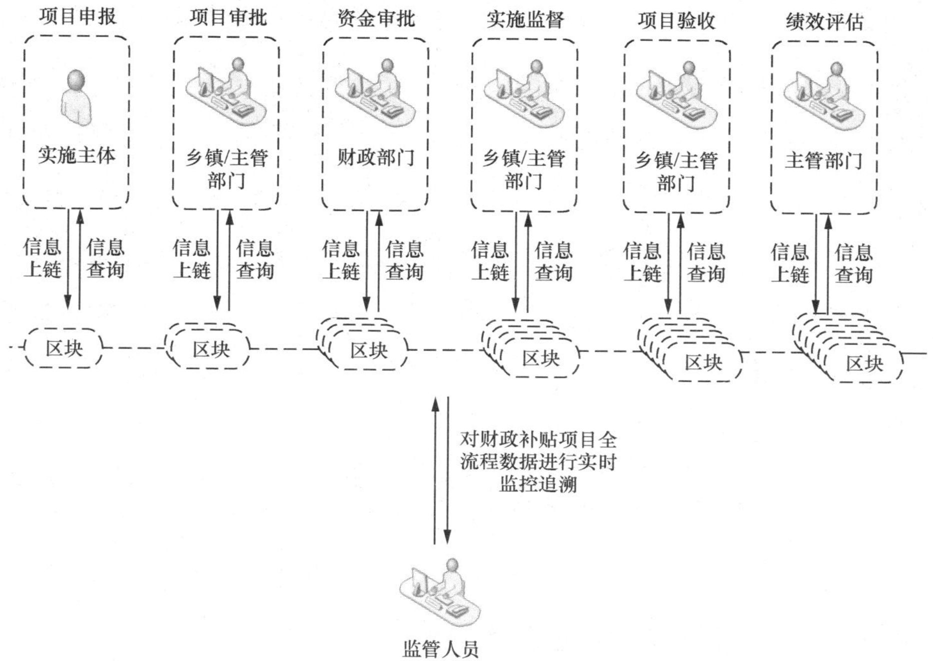

图 5-16　财政资金流向全生命周期管理流程

5.2.4　行业展望

前瞻产业研究院发布的《2018—2023 年中国电子政务发展前景与投资战略规划分析报告》指出，在国家的大力支持和推动下，2017 年，我国的数字政务市场增速再创新高，市场规模达到 2722 亿元，同比增长 16%。预计未来 5 年，我国的数字政务市场仍将保持 13% 左右的稳定增长，预计 2020 年将突破 4000 亿元，市场潜力巨大。

近年来，我国各地方政府不断出台区块链政策支持新技术的落地应用。但是，目前我国区块链在政务场景的应用还处于局部试点阶段，距离大规模应用仍有较大的距离。2019 年 10 月，习近平总书记在中共中央政治局就区块链技术发展现状和趋势进行第十八次集体学习时提出，要探索利用区块链数据共享模式，实现政务数据跨部门、跨区域共同维护和利用，促进业务协同办理，深化“最多跑一次”改革，为人民群众带来更好的政务服务体验（来源：新华网）。由此可见，在接下来的 3 ~ 5 年时间里，我国区块链将在政务民生服务领域迎来高速发展，各地方政府将会积极地推动区块链技术在政务服务创新中的应用。

5.3 汽车金融结算+区块链

5.3.1 汽车服务行业发展现状

现代在线车生活的商业模式是以汽车加油业务为核心，横向拓展金融、零售、保险等业务，纵向不断深挖都市汽车服务行业，如保养、维修、道路救援、洗车、租车等业务；随着服务领域的不断拓展，平台不断应用现代信息技术和现代金融服务手段为传统商务提供支撑和提升服务，实现传统线下服务电商化。

现代在线车生活主要面向的服务机构客户包括三大运营商、银行、保险公司、石油公司、商超、汽车 4S 店、传统媒体以及物流车队等；当前经营服务是通过为合作机构提供客户增值管理和产品营销推广，以输出价值服务为核心，实现跨界融合，优化市场资源配置。现代在线车生活搭建的电子商务平台使合作机构既是平台资源的采购方，又是平台的资源提供方，形成同业共享服务资源、异业共享客户资源。服务平台有效促进了传统产业融合发展，降本增效，体现了“创新、协调、绿色、开放、共享”，形成了多方共赢的新价值。

经过多年的运营积累，这种经营模式已表现出现代商业的“车轮”效应，带动应用平台的各方商业运营精准、高效、快速前进，同时又能不断吸引供应链上各行业机构接入平台，从而为平台运营效益可持续增长提供了根本保障。

平台基于线上线下一体化业务模式，通过与银行、电信运营商、加油站、保险公司等特殊的合作方式，构建一套完整的供应链，服务 2000 万用户，日均处理 5000 万笔交易。业务爆发的同时，也出现了用户信息安全、权限管理、安全交易、多方对账、风险管控、信用担保等一系列问题。这些问题制约了进一步深度合作，限制了平台业务的深入拓展。

近年来，区块链技术异军突起，成为解决以上问题的绝佳方案，使构建基于区块链的多方安全、高效交易平台成为可能。

5.3.2 汽车服务行业痛点分析

随着移动互联网和电子商务的快速发展，移动电商的爆发式增长带动了物流业市场规模的快速扩张。快速增长的市场规模使产业规模不断扩大及复杂化：线下多层级、多行业的服务商越来越多，造成当前汽车服务业务呈现出跨行业、跨品牌、多层级的合作关系。

针对多层级的产业结构，汽车服务行业的痛点主要集中在两个方面。

一方面，多主体、多层级的商流和资金流环节多且周期长，会出现一定程度的流动性差的问题。

（1）中小微企业融资难问题

行业业务体系中存在大量的中小微企业，如加油站、便利店、车队等，这类企业普遍存在融资难的问题。中小微企业无法低成本获得银行授信贷款，如何提升广大中小微企业的信用水平，获得银行融资扶持，是当前体系内大多数企业的共同问题。

（2）财务汇兑成本高

平台运营方业务开展需要的资金量高，如定期向中石化或中石油采购数十亿元燃油、每月和加油站结算油款、服务商货款等，经财务核算每年正常经营需要 100 亿元以上的资金运转，大量的资金持有造成企业财务成本高企。另外，高频的财务汇兑造成汇兑成本不断攀升，每年的财务汇兑成本约占资金量的 1%，即汇兑成本不少于 1 亿元。如何在保证业务正常开展的情况下减少资金使用量和汇兑成本，是当前亟需解决的问题。

另一方面，各环节之间，信息离散或线下纸质合同无法实现在各主体之间顺利流转，也会出现信息不对称以及管理协同效率低的问题。

（1）信息安全与共享问题

近年来，随着业务的快速发展，为不同业务建设的多个平台之间存在业务规模和技术标准的差异，不同组织间未实现数据的互联互通，造成了信息不一致和共享难等问题。如何有效保证数据实时共享与安全地平衡发展，是当前汽车服务业务发展的瓶颈。

（2）多方对账和核销问题

当前汽车服务业务存在众多线下业务整合产品包，不同产品包被分别售予保险、银行、零售等大型企业，由大型企业拆分到各自业务产品中进行销售。用户购买产品并消费某项服务时存在多方对账与核销问题。例如，把线下的洗车、道路救援、维修保养等服务打包销售给保险公司，保险公司分拆到每一个车险保单中，车主购买车险后可以根据附带的业务券到线下服务商处获取对应的服务。该交易过程涉及平台、保险公司、车主、汽车 4S 店、道路救援等众多利益相关方。如何快速完成对账与核销是目前业务快速扩张的关键难点所在，传统模式已越来越不适应业务的快速发展，每到结算日就会造成拥塞现象，进而造成人力成本高、结算周期长、账目错漏等问题。

（3）产品扩展难度大

线下服务产品的多样化及上游客户个性化需求增加的双重影响，对平台业务的扩展能力提出了很大的挑战。每开发一个新的产品，都需要有对应的业务系统进行支撑。一方面平台开发和维护成本不断提升，另一方面响应速度很难跟上市场需求。因此，快速定制相应的多方协作体系，是适应新的市场环境、提升竞争力的关键。

5.3.3 区块链解决方案

针对汽车服务行业的现状及痛点，解决方案将采用领先的区块链与人工智能技术构建一个高效的多方安全交易平台体系，重点开展智能合约、安全交易、高效价值转换、物联网、生态经济运行等多个领域的交易云平台建设，加速多个产业链上下游贯通，孕育新兴业态，形成不同创新产业链的生态圈，形成聚集效应和新业态示范。

方案拟通过区块链赋能解决以下问题：

（1）保证大量交易数据的存储和传输安全；

（2）对数据与数字资产所有权的有效管控；

（3）完善的数据获取和使用权限控制；

（4）保障数据真实性，杜绝数据被篡改；

（5）实现对高并发和高通量的多方交易带来高效且稳定的支撑。

方案一期项目重点将平台方、中石油 / 中石化、加油站、非油品商户、银行、企事业单位、车队和个人通过区块链实现整合，将一系列交易数据上链保存，实现交易数据的分布式存储，保证数据的安全。

系统架构设计

项目的核心体系自下而上划分为基础设施层、资源层、区块链服务支撑层、区块链应用中间层以及对接业务层，如图 5-17 所示。

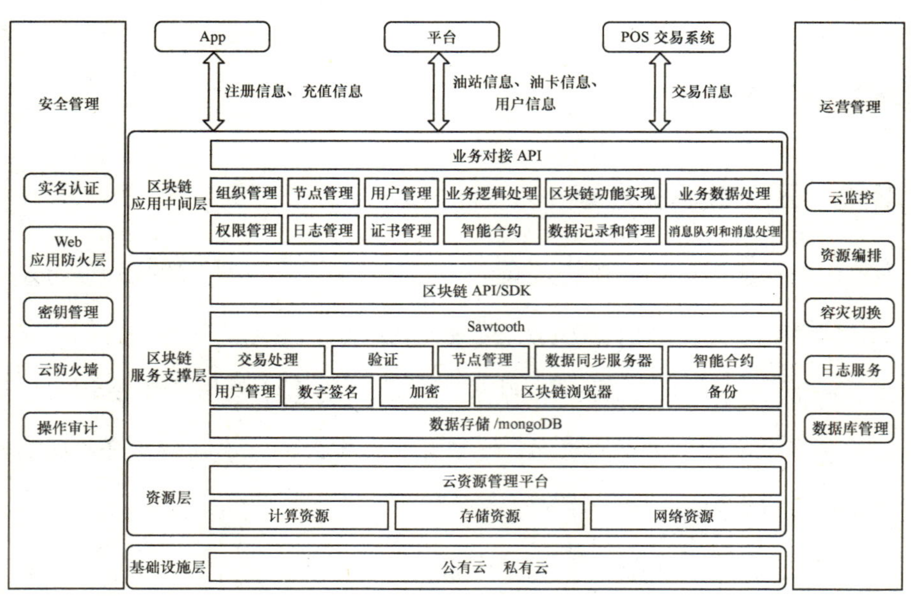

图 5-17　平台总体架构

基础设施层包括系统的运行平台（公有云、私有云等）、网络环境、网络平台、服务器环境、应用软件环境等应用基础环境的设计。这一层决定了系统的运行环境。

资源层主要建设系统运行的计算、数据、网络环境。这些环境按照统一的标准和规范建立，是整个系统成功建设和运行的基础。

区块链服务支撑层使用Fabric作为区块链底层框架，在开发层面主要有三部分：数据存储/mongoDB、内核中间件、区块链API/SDK。

（1）数据存储/mongoDB主要用于存储区块链上的业务数据，属于分布式存储核心单元。

（2）内核中间件基于Fabric架构设计，作为区块链的核心逻辑层，包括交易处理、验证、节点管理、数据同步服务器、智能合约等组件。数据同步服务器将区块链上的数据同步到业务数据库中，方便服务器读取；处理器验证并处理服务器端提交的脚本。

（3）区块链API/SDK作为区块链的内核为前端提供数据交互的入口，封装Fabric逻辑层服务，为区块链应用中间层提供服务接口。

区块链应用中间层是整个应用系统开发的基础平台，为各模块提供组件及服务，同时开发各系统模块的公共应用，统一架构，便于管理和功能扩展。

同时，支撑层提供平台组件的支撑，主要包括系统管理组件、工作流程管理、表单设计工具、数据交换、证照库比对、各委办局网办接口管理、消息中心、用户认证授权等组件，通过这些组件支撑各种应用。

应用场景

（1）银行授信融资服务赋能

产品目标

帮助车队、中小微企业融资贷款，撮合银行与企业之间的金融交易。

产品内容

银行提供授信资金，平台推荐资质良好的车队、企业；平台收集相关企业资质数据，代收并提交银行审核；审核通过后，银行将授信资金划拨给平台托管账户进行资金托管；企业和银行签订贷款合同，平台按相应额度发放油通卡，车队、企业可以按照专款专用的方式使用这笔融资贷款额度，车队每月按合约规定还款给银行，银行收到账款后和平台托管账户进行核销和结算佣金。具体的银行授信融资应用场景如图 5-18 所示。

区块链赋能

① 根据区块链提供的相关车队、企业过往的交易记录数据，进行初始资格判定，从中挑选优质客户资源。

② 通过用户授权的方式将交易记录及其他信用信息提交银行审核，银行划拨资金到托管账户中，并随时监控托管账户的使用情况。

③ 平台授信给车队、企业的融资额度实现企业、平台、银行对等透明，保证所有资金安全使用。

④ 车队、企业对融资资金使用过程进行监控，保证专款专用。

⑤ 还款记录上链保存，并同步到关联方进行透明化，从而保证企业还款、银行核销、平台获得佣金等一系列结算操作能够自动按照智能合约执行。

⑥ 为银行提供优质客户，为企业提供低成本便捷贷款，为平台捆绑更多

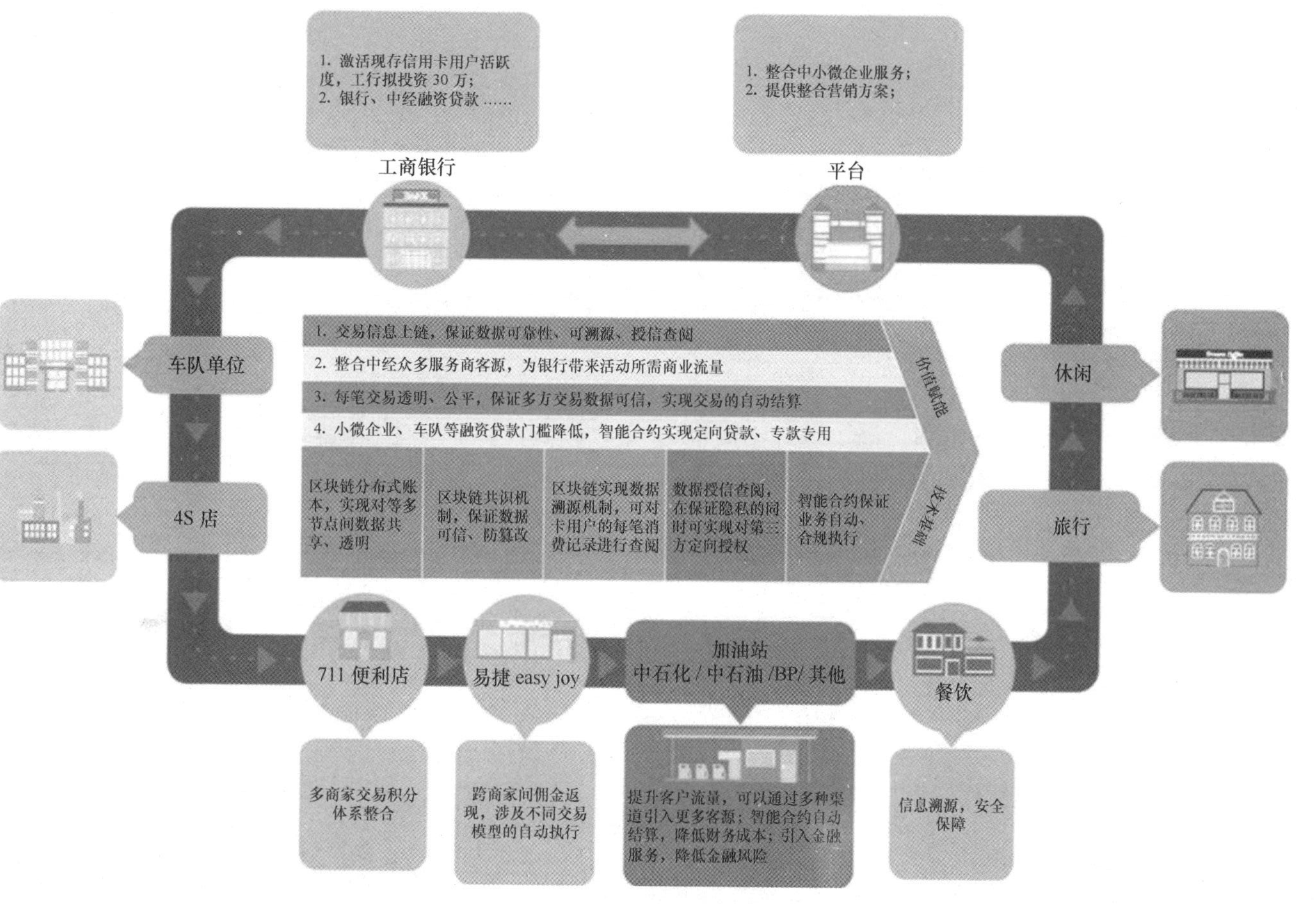

图 5-18　银行授信融资应用场景

优质客户资源。

（2）多方安全交易赋能

产品目标

保险公司在销售车辆保险时会搭售一些额外服务，如免费洗车、道路救援、加油折扣等，从而增加产品的吸引力。

产品内容

保险公司支付相关服务成本；平台整合线下服务提供商的相应服务，并以服务券的方式打包销售给保险公司；车主在购买相关产品包之后，可以按照产品包中包含的服务券进行抵扣消费，同一个服务券可以去不同商家消费抵扣，相关消费记录实时留存并难以篡改。服务券模式如图 5-19 所示。

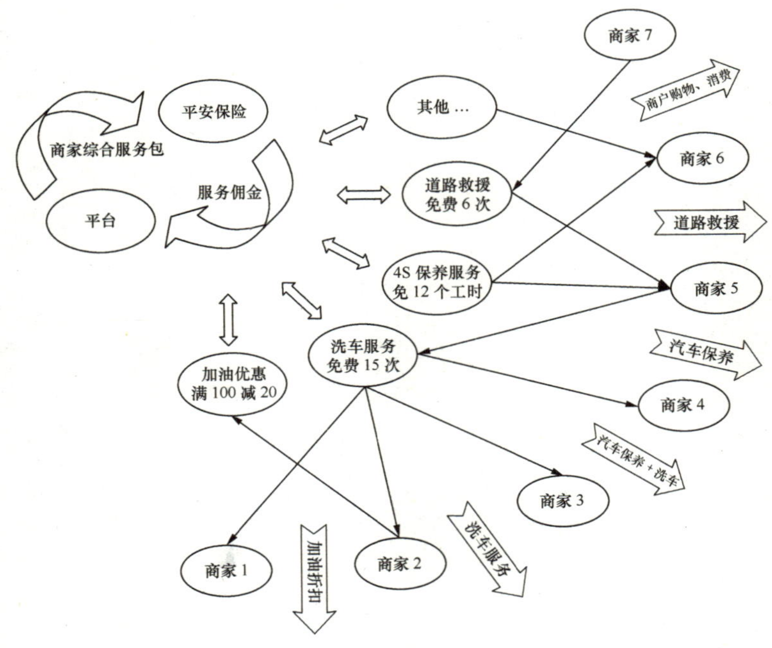

图 5-19　服务券模式

区块链赋能

① 服务券抵扣消费记录可追踪，相应的服务商可按照智能合约自动结算成资金。

② 重构业务模式。传统方式是保险公司进行年度预算即需要预估服务量，并进行整体打包购买。例如，洗车次数购买 30 万/车次，购买少了需要另外补充，购买超出需求范围即是浪费。区块链赋能交易生态圈后可以实现按次结算，车主使用一次即按照智能合约自动购买和结算。

③ 所有子交易过程均有智能合约自动控制进程，保证数据难以篡改，保证平台、银行、车队、商户等多方在交易过程中的数据透明，便于多方交易的无歧义执行。

④ 减少对账结算周期，避免分歧，提升经济运行效率。

⑤ 双向引流：保险公司通过产品包将保险客户引流到汽车保养、洗车、道路救援、酒店等商家，对应商家可以将自有的客户资源引流到保险业务，平台能够同时向双方提供引流数据支持。

⑥ 产品包的价值评估和优选：通过对平台内产品数据包的购买、使用、评价等数据进行分析，评估不同产品的市场接受情况、细分市场定位等数据，为更好地推广相关产品提供智能化辅助。

⑦ 通过对平台内用户的消费习惯、区域、年龄等进行分析，形成可信的终端用户消费画像，为保险公司推荐定制产品包。

整体项目架构如图 5-20 所示。

（3）汽车服务行业其他区块链赋能方面

区块链技术在保护信息安全、提高系统透明度及交易效率等方面的优势

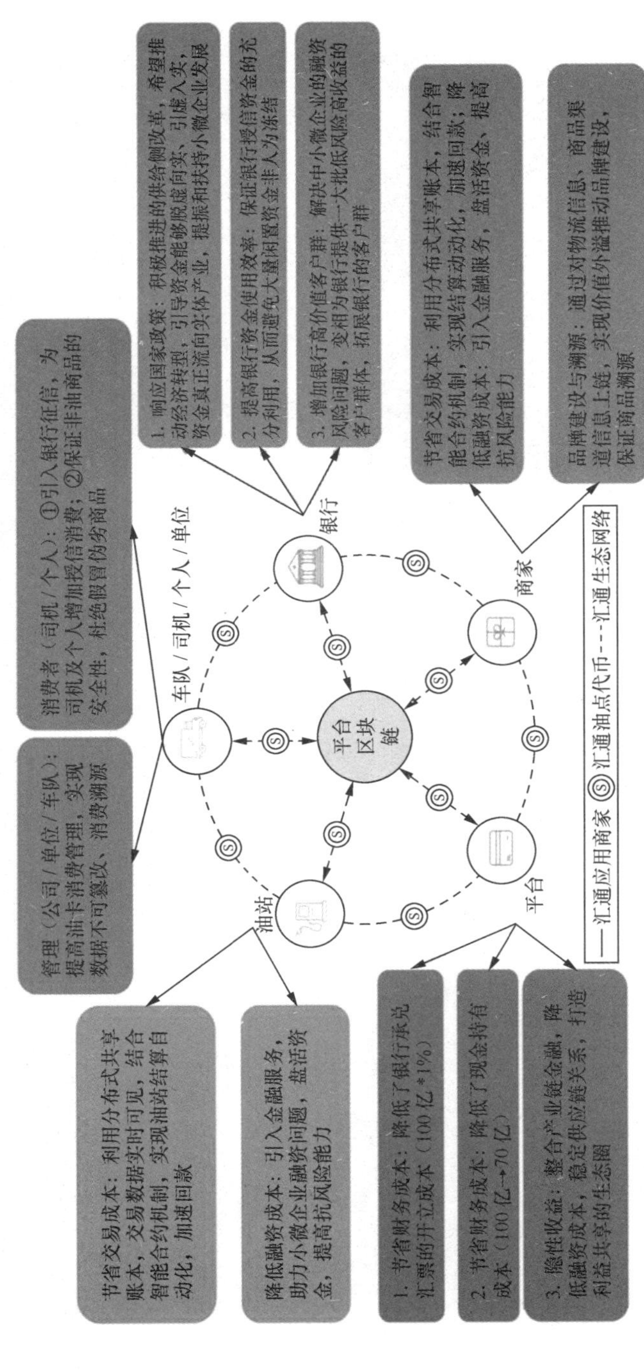

图 5-20　项目架构示意图

使其在汽车服务行业的其他场景也具有极高的商业价值。以下为部分区块链赋能的应用场景。

① 银行客户赋能价值：与包括工、农、中、建等 24 家银行发行联名车主卡，同时承接其他银行的非联名卡客户管理服务，如积分兑换和消费奖励、加油专属服务、多重积分奖励、免费洗车等，实现商超百货、银行、加油站、车队等共享增值；为银行带来大量征信良好的中小微企业客户，拓展银行的客户源；为银行响应国家政策、引导资金脱虚向实提供平台辅助。

② 大型客户多方安全交易赋能：与包括人保、平安保险、太平洋保险、大地保险等在内的多家保险机构开展各种长期合作，搭建共享服务平台向保险客户提供多重自选增值服务包，增强客户对保险公司提供增值服务的价值感，促进客户接受保险机构服务频率的提升，有效降低保险公司的管理成本；实现包括保险公司、线下服务商、平台、车主、车队等多方在内的价值流转体系构建，通过智能合约规范交易流程，完成多方对账和自动结算。

③ 车主自由兑换价值赋能：搭建车主自由兑付共享平台是由车主在平台上发出加油需求订单和积分兑换订单，包括油品、数量、区域、车辆型号、加油时段、价格等，各家加油站、服务商在平台上交易；平台通过公开市场需求信息，高效配置供需资源，直接降低车辆加油成本，同时实现加油站共享客户资源，降低获客成本，合理安排客流，提高加油站营运效率，有效增加销量。

④ 车队信贷融资赋能：基于区块链可信交易平台搭建的银行信贷共享平台由车队客户在平台上发出信贷需求，各家银行根据其信贷政策及产品对接客户办理；平台根据客户历史数据为银行提供贷前客户标签（区块链举

证），根据车队实际加油动态数据，为银行提供有效的“贷后管理”服务。目前已有建设银行、平安银行、民生银行、华兴银行等银行信贷共享平台开展小微贷业务，为3000多家物流客户车队加油提供具有行业特色的银行贷款服务。

⑤ 平台贸易结算赋能：通过构建区块链结算体系，实现生态圈内容的自有结算和兑付体系，减少体系内商家的银行汇兑频率和资金量，减少生态圈内容各企业的资金持有水平和银行汇兑成本。

⑥ 供应链联盟共享赋能：基于区块链搭建行业联盟平台，提供网络平台为行业上下游各家合作企业运用平台管理各自客户，客户数据分布式存储；根据客户服务需要，连接不同品牌服务商提供服务，数据点对点传输，联盟内执行共识机制，按客户归属计算销售收益；平台运用信息技术为联盟建立了合作信任机制，并通过以客户为价值中心计算营销权益，实现共享连锁经营，提高市场竞争力。

5.4 供应链金融+区块链

5.4.1 供应链金融行业发展现状

供应链金融是一个系统化概念，是面向供应链所有企业的一种系统性融资安排。它将供应链上的相关企业作为一个整体，根据交易中构成的链条关系和行业特性设计融资模式。供应链金融是一种为各成员企业提供灵活的金融产品和服务的融资创新解决方案。在完整的供应链条中，下游企业交货前后，由于支出和收入的发生存在账期缺口，形成了资金缺口，而借助供应链上核心企业的信用，供应链金融服务商通过风险控制变量，在资金出现账期缺口时提供融资服务。其主要业务形态有应收账款融资、库存融资、预付款融资和战略关系融资。

近两年，随着网络化、数据化、智能化的发展，供应链金融已经形成了资金流、物流、信息流、商流四合一的金融生态圈。伴随着物联网、大数据、人工智能和区块链等新技术的成熟，行业风险管理能力也将持续提升。国家相关政策在不断支持发展供应链金融，协助缓解中小企业融资难、融资贵的问题。2017 年 10 月，国务院出台了《国务院办公厅关于积极推进供应链创新与应用的指导意见》（国办发〔2017〕84 号）；2018 年 10 月，商务部、工业和信息化部、生态环境部、农业农村部、中国人民银行、市场监管总局、银保监会、中国物流与采购联合会等 8 部门印发通知，公布全国供应链创新与应用试点城市和试点企业名单，试点工作进入全面实施阶段。

通过科技手段赋能供应链及供应链金融创新，实现数字化转型升级和科技基础设施再造，已是产业互联网发展的必然趋势，是实现国内新旧动能转换和金融供给侧改革的关键突破口，也是有效解决小微和涉农企业融资难、融资贵、融资慢等世界性难题的最有效的手段。随着大数据、区块链、物联网等相关技术的深入发展，供应链金融在 2019 年得到了快速的发展。

5.4.2 供应链金融行业的痛点

但是，在现实产业中，供应链金融的推广应用面临诸多痛点。这些痛点制约着供应链金融业务的开展，让实际应用面临较大的挑战。

（1）四流难合一

供应链金融以供应链起点至终点的真实贸易情况为基础，以贸易产生的可确定未来现金流为直接还款来源。四流（资金流、信息流、物流、商流）合一成为供应链企业融资的关键。

四流合一有很大的实践难度，法律规定企业间部分商务信息需要以纸质票据的形式传递，导致部分信息没有进入信息化系统。同时，企业间信息交互会出现数据传输安全和数据不可信、易篡改等问题。四流难合一，从而形成了中小企业贷款难、银行风控难、相关部门监管难的情况。

（2）场景化制约

各类融资模式由于业务场景不同，面临着除了四流难合一以外的诸多场景化匹配问题。例如，库存融资模式下存在仓单造假、仓库管理方监守自盗的风险等。相比之下，应收账款融资更易开展，但只能帮助一级供应商进行供应链融资，多级供应商资金短缺问题仍难以解决。场景化制约加剧了企业融资难的问题。

（3）业务模式创新难

降准、支持银行业金融机构发行小微企业贷款资产支持证券等政策在资金侧为开展供应链金融提供了方便，但业务侧仍面临风控难、中小微企业授信难等问题。目前依靠传统技术很难改变传统供应链金融的业务模式，难以降低风控难度，并无法借助核心企业的信用来实现供应链融资。

（4）小微企业风控难

小微企业缺乏完善的管理机制，财务报表不规范，银行很难通过其自身提供的信息进行有效风控。而在传统供应链金融模式下，核心企业信用只能传递至一级供应商，多级供应商无法借助核心企业信用进行贷款融资，对小微企业贷款难的问题解决力度有限。

“是否需要贷”和“是否能贷”是影响供应链金融市场规模的两个因素。通过解决传统供应链金融模式存在的问题，让更多“不能贷”企业实现“可以贷”，就可以让市场规模得到释放。

5.4.3 区块链解决方案

区块链技术可以有效改善传统供应链金融所面临的问题，依靠技术手段推动业务模式的创新。

（1）建立信任

区块链通过共识算法建立信任，通过各节点之间的共识保证交易的正确性。在人与人之间不需要信任的前提下，通过纯数学的方法，以低成本建立信任，促进价值的点对点传播。

信任的点对点建立不再依赖中心机构的信用，区块链防止了线性帝国的垄断，是一种更民主的机制。

（2）安全性

区块链是一个没有中心化的分布式账本，每个节点仅是系统的一部分，各个节点的权利相等，黑客攻击或者篡改一些节点对整个系统没有影响，而且节点越多越安全。

（3）可追溯性

由于区块链是由首尾相连的区块所组成，每个区块包括一段时间内的信息或数据，并加盖了时间戳，根据上一个区块的索引（哈希值）衔接在一起，因此区块链具有可追溯性。

（4）可编程性

区块链在开源算法的基础上具有可扩展性和可编程性，能够根据不同的应用场景进行相应的设计和扩展。例如，智能合约机制能够用程序代替合同，约定的条件一旦达成，网络自动执行合约。

（5）适合多方参与

由于区块链是一种分布式账本，没有中心化的机构，靠各个节点共同维护，而且节点越多，效率越高，因此适合多方参与的应用场景，例如票据。

信汇通供应链金融解决方案

信汇通供应链金融服务平台以核心客户为依托，以真实贸易为前提，运用自偿性贸易融资，通过应收账款转让等方式为供应链上下游企业提供综合性金融产品和服务。通过产业内外经营、贸易数据印证核心企业的信用、监管融资群体的应收账款信息，并通过互联网不同渠道的数据流整理，以及大数据分析进一步做好风险控制，最终形成完备的供应链金融解决方案。

（1）总体架构

纸贵科技构建的信汇通供应链金融服务运营模式既可为核心企业的内部供应链金融服务提供平台，也可建设多方资源掌控的多供应链链条的第三方平台，全面满足供应链金融服务要求。平台的核心是为供应链体系内企业，尤其是中小微企业提供金融服务，实现核心企业、融资企业、金融机构、平台运营方等多方共赢。

纸贵信条是在供应链金融服务平台上可流转的类似商业汇票，它以核心企业的应付账款为依托，由核心企业内部单位签发，明确在指定日期无条件承兑确定的金额给持票人（供应商），具有可持有、可流转、可拆分、可融资、可溯源等特点。基于信条模式的供应链金融服务平台，能够拓展集团金融业务、优化资本结构、增强现金保障、防范财务风险等。

纸贵信条的流转模式如图 5-21 所示。

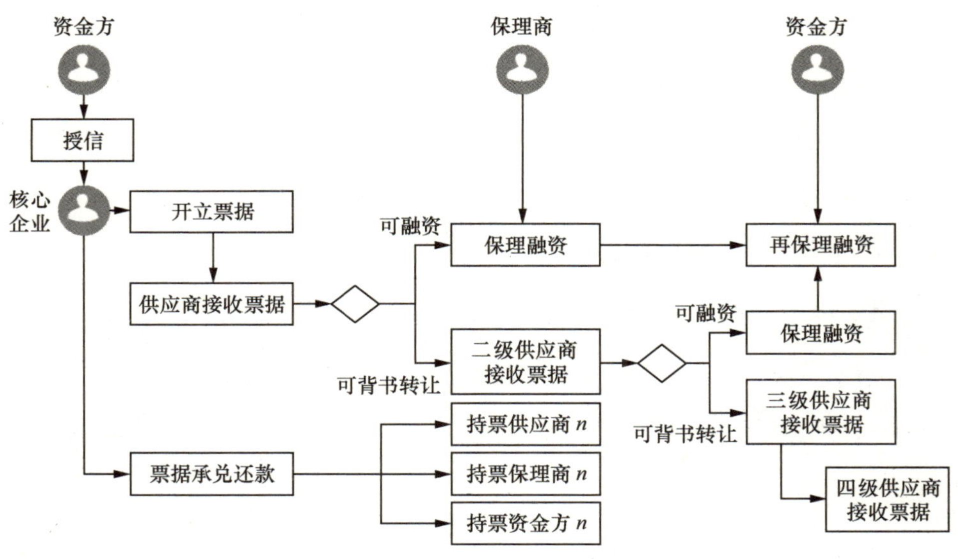

图 5-21　纸贵信条流转模式

（2）纸贵信条的特性

① 先进的技术平台

信汇通供应链金融服务平台基于 J2EE 的 B/S 架构、自主研发区块链技术及区块链联盟链，采用先进合理的技术架构满足系统集成管理、随需应变的要求；拥有具备完全自主知识产权的开发平台、行业产品；拥有成熟、全面的供应链金融科技一体化产品体系及解决方案。

② 全面的金融模式支持

信汇通供应链金融服务平台可根据核心企业的业务架构，灵活选择配置应收账款融资、存货质押融资、预付款融资等金融模式，基于平台线上化操作，实现量身定制，满足企业在不同的业务场景中开展各类型供应链金融业务的需求。

③ 安全、高效的结算体系

供应链金融业务的开展对资金的往来交易提出了更高的要求，安全、高效、快捷是第一要素。信汇通供应链金融服务平台可通过与企业银行账户体系的 ERP 直连，实现监管账户与虚拟账户的全面资金管理。

④ 交易不可抵赖性管理

供应链金融业务的开展是基于互联网金融技术实现的，交易协议的签署需要实现不可抵赖性。信汇通供应链金融服务平台采用强大的身份认证体系和加密技术，提供业务交易的法律保障，全面满足供应链金融业务开展的必要条件。

⑤ 多层次的安全保障体系

供应链金融业务涉及大额资金交易，对系统安全、资金安全等提出了高标准要求。信汇通供应链金融服务平台前端、外部端和后台管理均采用全面安全管理技术，达到了银行级安全要求，能保证系统的安全运行。

⑥ 严格的风控管理体系

金融服务安全第一，风险管控是供应链金融的核心，也是平台正常生产运营的必要条件。信汇通供应链金融服务平台搭建了全面的风控管理体系，嵌套了涉及客户、业务等多层次的风险管理模型，可实现全面的风险控制。

⑦ 组件化的金融产品设计

信汇通供应链金融服务平台以供应链金融服务平台总线为核心，基于资产基础及资金输入模式，通过组件化的金融产品设计，延伸和覆盖保理融资、订单融资、仓单融资、存货融资等各类金融产品，可根据企业业务实际情况及平台建设规划分步实施，最终形成完备的供应链金融解决方案。

磁云唐票供应链金融解决方案

唐票供应链金融系统以去中心化的区块链技术为依托，旨在有效解决传统供应链金融中存在的诸多痛点，助力供应链金融打破瓶颈、创新发展。

（1）总体架构

唐票供应链金融系统整合核心企业、资金方和上下游供应商，协同构建区块链联盟链网络，如图 5-22 所示。

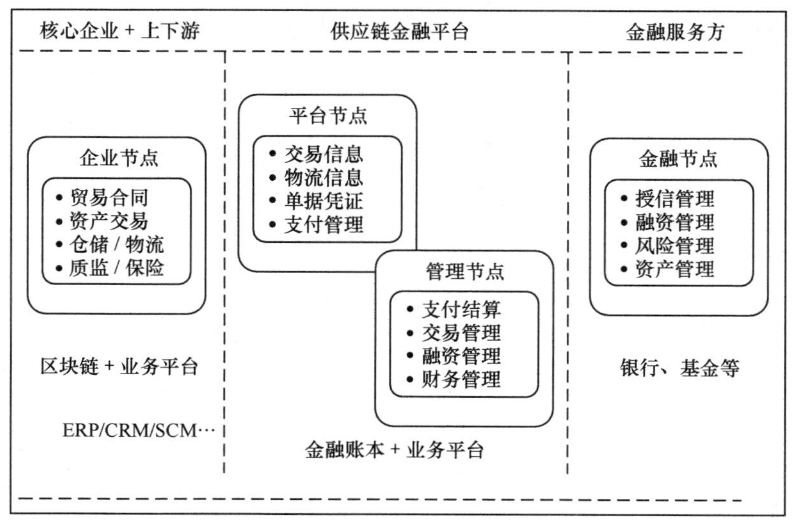

图 5-22　唐票供应链金融系统

区块链系统管理唐票从上链、存证、发行、转账、拆分、流转和回笼的全生命周期，保障所有业务数据和资产数据均可在联盟体系中安全流转。目前，唐票系统主要对接磁云自主研发的区块链系统和部分 Fabric 网络，从业务层面已经对区块链的需求进行封装，可快速对接客户的区块链系统，以满足业务需求。

（2）唐票系统的核心优势

① 共识算法解决信任问题

区块链的共识算法使区块链上的数据都具有时间戳、不重复记录、不易被篡改等特征，即使能篡改某个节点的数据也会留下痕迹，易于被发现。这就保障了信息记录的可追溯性和防篡改性，从而解决了节点间相互信任的问题。

共识机制保证交易的真实性，以及金融凭证付款承诺函的有效性。在唐票供应链系统中，每个区块链节点都会存证并验证资产的合法性，同时也可以追溯资产流转的全生命周期。这也就解决了金融机构对信息被篡改的顾虑，一定程度上解决了中小型企业自身信誉及信息不完善导致融资难的问题。同时，区块链也成为金融机构寻找优质资产的工具，使金融机构能够快速、准确地对接优质资产，从而提高资金的配置效率。

② 智能合约固化规则、防范风险

在唐票供应链金融系统中，智能合约是一个自动执行区块链上多方共同约定规则的计算机程序，其合约由核心企业或者金融机构发布，其他供应链企业加入执行。在实际贸易行为中，交易双方或者多方可基于合约如约履行自身的义务，使交易顺利可靠地进行下去，链条上的各方资金清算路径固化，有效管控了履约风险。

③ 信任可沿供应链条有效传导

在基于区块链技术的唐票供应链金融体系中，在贸易的参与方均可部署区块链节点或者提供区块链业务系统服务的入口，使贸易流中从链条初始端的材料采购、加工运输到终端销售的整个环节都可被记录，且生产过程、物流路径等细节也可溯源。从资金流层面来讲，资金及资产端都备案绑定在区块链上，严格按照贸易环节中的收付款关系、凭证的记载操作，资金交易路径一目了然，从而使整个系统更加透明。这就有效解决了传统供应链金融信任不能沿供应链条有效传递的问题。

布比区块链电子票据系统解决方案

布比区块链广泛应用于数字资产、贸易金融、股权债券、供应链溯源、商业积分、联合征信、公示公证、电子发票、数据安全等领域。在电子票据系统方面，布比区块链被用于搭建完整的数字化平台，为电子票据的可信存储、流转和管理提供了可靠的解决方案。

（1）总体架构

布比区块链电子票据系统架构自下而上可分为三层，如图5-23所示。

① 底层采用区块链技术进行搭建

该平台采用区块链技术建立非中心化的、P2P的可靠数据库。区块链是一种新型去中心化的协议，不可随意更改或伪造，因而提供了无须信任积累的信用建立范式。平台的参与者加入票据区块链后，通过点对点的记账、数据传输、认证或合约来达成信用共识。票据区块链中记录了过去所有的交易记录、历史数据及其他相关信息，这些信息安全地分布式存储在一串使用密码学方法产生的数据块中，便于可追溯、可查找地确定票据在流转过程中的每一笔记录。区块链电子票据平台的每一个参与者均有一个完全安全的私人账本（通过唯一的私钥进行访问）。基于区块链技术的票据系统支持智能合约的签署，当智能合约条件触发时，合约自动执行，不需要人为干预，从而实现了流程的电子化、自动化。

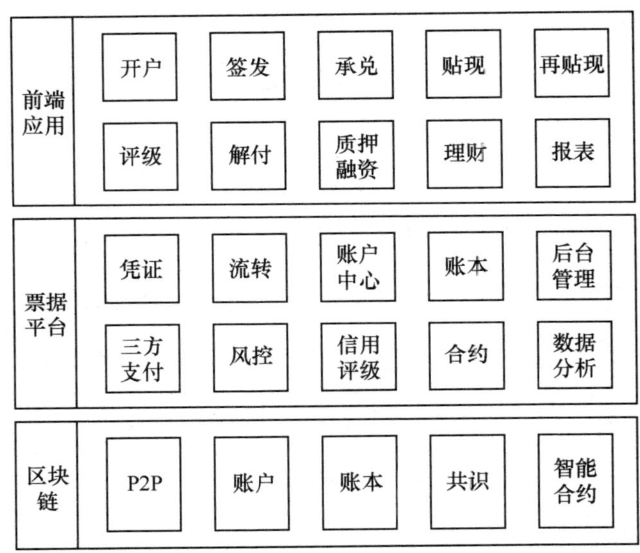

图 5-23　布比区块链电子票据系统架构

② 中间层搭建一个沟通前段和底层的完备的电子票据平台

电子票据平台作为中间层，具有连接底层技术和前段应用的作用。中间层存储的全体账户信息构成账户中心，为签发的票据出具相关凭证文件，对流转过程中的承兑、贴现、质押融资、背书转让等进行跟踪记录，将系统的交易记录和数据完整地存储在区块链账本中。系统可以对接第三方支付平台，利用智能合约实现流转过程的自动化，针对有风险的票据进行监控和风险预警并及时采取止损措施。通过真实可信且完整的区块链账本，可以对参与主体的具体交易记录进行数据分析，发掘商业价值，并对参与主体建立信用评级体系。后台管理系统可以对系统进行配置、升级，对整体系统运行情况进行监控，管理用户和数据权限等。

③ 上层面向用户提供前端服务

面向用户的前端应用为用户提供接入区块链电子票据平台的通道。参与主体在区块链电子票据平台完成开户流程后，系统根据参与者资质进行评级。初始评级或需要平台许可的第三方机构提供，或由客户的各种资质证明根据系统算法自动生成。系统根据每个参与主体的不同评级情况，授权不同的出票限额。参与主体出票后，票据在区块链电子票据平台上流转。平台为客户提供承兑、托管、背书转让、贴现、质押、委托收款、解付、理财等多种业务办理服务，并自动生成符合会计、审计要求的财务报表。

（2）平台应用场景

① 民间版的 ECDS

民间版的 ECDS 与央行发布的 ECDS 系统的区别主要在于两个方面。第一，采取的账本结构不同。民间版的 ECDS 采用去中心化的区块链架构，而央行版的 ECDS 由央行作为中心搭建。第二，所谓“民间”其实是所面向的群体的差异标识。民间版的 ECDS 主要面向与大银行资质不对等的中小银行，以及资质证明能力相对较差但资金需求高的中小企业。

民间版的 ECDS 如图 5-24 所示，其可以支持纸质票据电子化，即将已有纸质票据及其要素录入平台，或直接在平台上进行票据签发。对于注册后获得资质的用户，平台不区分承兑方，票据既可以是银票，也可以是商票。

平台可以实现票据流转，如承兑、贴现、再贴现等；同时对票据进行管理，记录票据流转的每一步历史流程，提供历史流程查询。在此应用场景下，平台仅保证票据的真实性，不对票据承兑方信用进行担保。

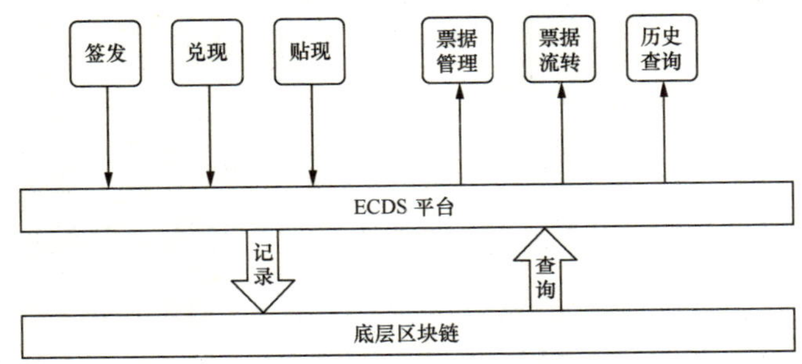

图 5-24　民间版 ECDS

② 票据型理财产品

票据型理财产品如图 5-25 所示，其具有风险较小、收益较高的特征。金融机构可以在区块链电子票据平台上购买、贴现流转中的电子票据，然后将票据打包作为理财产品卖给投资者。投资者在区块链电子票据平台上查询跟踪票据签发、贴现、解付等过程。

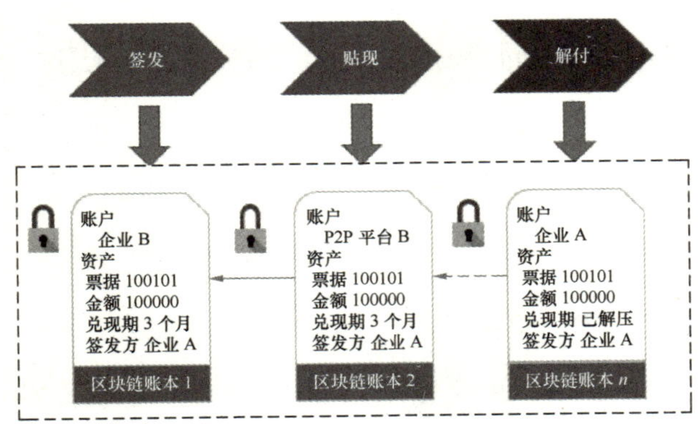

图 5-25　票据型理财产品

票据型理财产品面临的最大风险是票据到期无法回收票款。引起这一风险的主要因素有三点：第一，票据破损，承兑人认为已贴现票据存在瑕疵；第二，票据造假，已贴现票据是伪造、变造票据；第三，承兑人破产，无力付款。

区块链电子票据平台对票据进行电子化管理，可以直接克服上述风险中的前两个因素。由于区块链本身具有可回溯、不可造假的特点，根据区块链记载的票据流转记录，对参与主体的承兑信用进行评级，进而筛选信用良好的电子票据，可以大大降低第三种风险。在合适的条件下利用智能合约，对承兑人的资产进行智能管控，在风险较大时进行止损操作，则可将第三种风险几乎降为零。

③ 企业白条

企业白条如图5-26所示，其可以有效发挥区块链票据系统的优势。

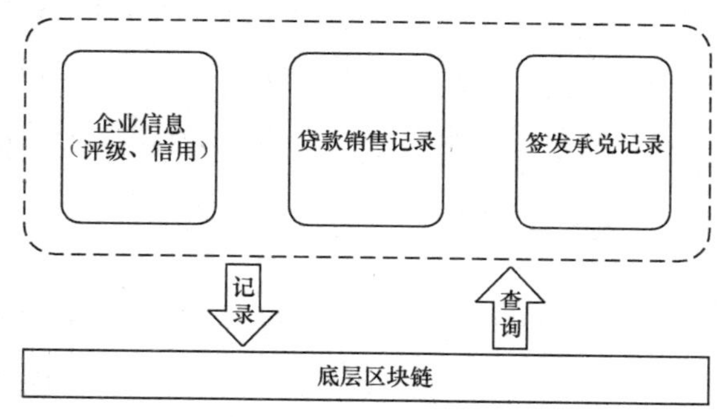

图5-26　企业白条

与当前市场上基于其他技术的信用评级系统不同，基于区块链账本的评级可以让每一个参与主体清楚地了解自己及对手方的财务情况、票据签发情况、票据承兑记录等，可以查询信用评级的具体依据明细。区块链票据系统在进行一段时间的系统运行后，可以根据区块链账本的历史记录对企业的信用进行评定，动态调整企业的信用等级，对信用等级高的参与主体提高授信额度，对信用较低的参与主体降低授信额度，允许其发行以一定信用为背书的商业票据（白条）。

5.4.4 行业展望

区块链技术与供应链金融相结合是技术发展后的必然结果，是时代的产物。面对新技术、新行业、新平台，纸贵科技给出了以下建议。

政策方面

（1）引导产学界正确认知区块链技术，鼓励企业与高校合作，促进产学结合，强化供应链金融创新模式的应用。

（2）鼓励核心企业与商业银行、区块链技术服务商合作，整合上下游产业资源，共同促进区块链+供应链金融落地。

（3）加强人才鼓励政策，吸引更多高精尖人才加入区块链行业，推进密码学、共识算法、跨链、隐私保护等技术的创新。

（4）实体经济服务规范化，为资金提供高效、安全、便捷的渠道进入实体经济，发挥融资服务平台、动产融资统一登记公示系统等平台作用，支持区块链+供应链金融的落地发展。

（5）鼓励开源发展，提高我国区块链项目开源代码贡献量，加强我国区块链技术的国际话语权。

（6）推进产业、技术联盟发展，促进区块链技术标准建立，解决开发语言、智能合约标准不统一带来的技术落地障碍。

（7）鼓励企业机构或个人进行区块链专利申报，引导做好知识产权保护工作。

监管方面

（1）从区块链技术发展趋势、数据保护、金融风险等角度入手，规范技术及业务监管。

（2）加强对智能合约的审查、审计。

（3）开展相关法律研究及立法工作，实现区块链＋供应链金融业务的有法可查、有法可依。

5.5 银农直联+区块链

5.5.1 农村资金问题背景

随着《农业部关于进一步加强和改进农业财务工作的意见》的提出，国家对“三农”建设更加重视，财政支农投入快速加大，阳光政务在农村集体财务管理中的重要性日益明显。农村可支配资金越来越多，财务的监管问题成为重中之重。银农直联系统的推进是农村集体财产及资金合理有效利用、资金使用透明规范的重要前提，也是建立健康有序的投资环境、促进“三农”进一步发展的重要保障。

银农直联本质上就是“村账镇管”，最早出现在 1997 年 1 月 1 日财政部颁布实施的《村合作经济组织会计制度（试行）》中，其中提出了“财务管理薄弱的村合作经济组织可以委托乡（镇）经营管理站代为记账、核算”。2008—2010年，中纪委、监察部、财政部、农业部相继出台文件规定规范村级会计委托代理制度，进一步加强村级会计委托代理服务工作。

会计委托代理制度的展开对农村财务监管提出了很高的要求，造成了制度实际推行过程中的许多问题。

5.5.2 农村财务监管的难点

作为农村行政管理的最末梢，传统的财务监督管理手段对村级单位的作用是非常有限的，村级单位财务的不规范问题一直比较多。

财务管理不规范

（1）缺乏规范的合同管理，容易出现收入不入账、体外循环、私设“小金库”等情况。

（2）报销审批手续不规范。按财务规定，报销必须由审批人、经办人签字，但在目前村级财务的实际操作过程中，有的票据只有审批人而无经办人，甚至极少数票据在既无审批人又无经办人的情况下入账。

（3）资金使用违反财务纪律，存在以个人名义存储公款、乱设银行账户、违反规定擅自开设银行账户等情况。

（4）费用列支不合法，科目乱用。公款吃喝现象时有发生，公款列支名目与实际不符。

（5）现金交易不易被监管，容易出现坐收坐支、截留、吃回扣等现象。

农村理财组织履行职责不到位

村民主理财小组在村级支出的审签中占有重要地位，但在实际工作中，有些小组形同虚设，主要干部兼任小组长，自批自监督，缺乏有效监管。

财务公开失实

一些村组织财务公开形式化、公开制度不规范、公开内容粗枝大叶，对于重大支出项目没有专项公布；或者实行会计电算化后，对电脑打印账目校核不细，产生失误，引起群众误解。

村账镇管制度流于形式

村账镇管的工作一般由镇财政所负责，镇财政所是最后也是最有效的一道审核关口。但由于存在以下问题，使村账镇管制流于形式，管理不到位。

（1）镇财政所会计人员业务量大，对各村情况了解有限，不能及时掌握各村账务动态，这给村出纳人员出借、挪用公款提供了可乘之机。

（2）有些镇财政所人员不熟悉财务，业务素质不高，造成会计操作不规范；有些人员的原则性和责任感不强，存在重记账、轻管理、只审凭证却不审开支合理与否等现象，使违反财务制度的票据凭条得以记账。

（3）在实际工作中，村出纳人员有时不可避免地承担了会计的职责，例如在各项土地征用补偿中承担结账造册的工作，而村主要干部一般基于信任在审批中又疏于监督，给出纳人员贪污、冒领土地征用款等各项钱物创造了机会。

5.5.3 区块链解决方案

山东望天信息科技有限公司根据阳光政务的要求，以协助村集体监管资金支出为突破口，实现财务软件系统和网上银行系统的在线直联，打造具备合同审批、网上查询、转账汇款、电子对账等功能的银农直联系统。系统采用区块链技术解决信息记录可信度问题，将每一项审批、决定、资金的使用记录均保存在区块链上，保证了整个运行体系的公开、透明、可信、高效；从源头上预防村级财务工作中的违规违纪违法问题的发生，进一步提升了农村集体财务规范化管理水平，促进了农村基层党风廉政建设。

系统架构设计

银农直联系统由四大模块结合区块链技术构成，如图 5-27 所示。

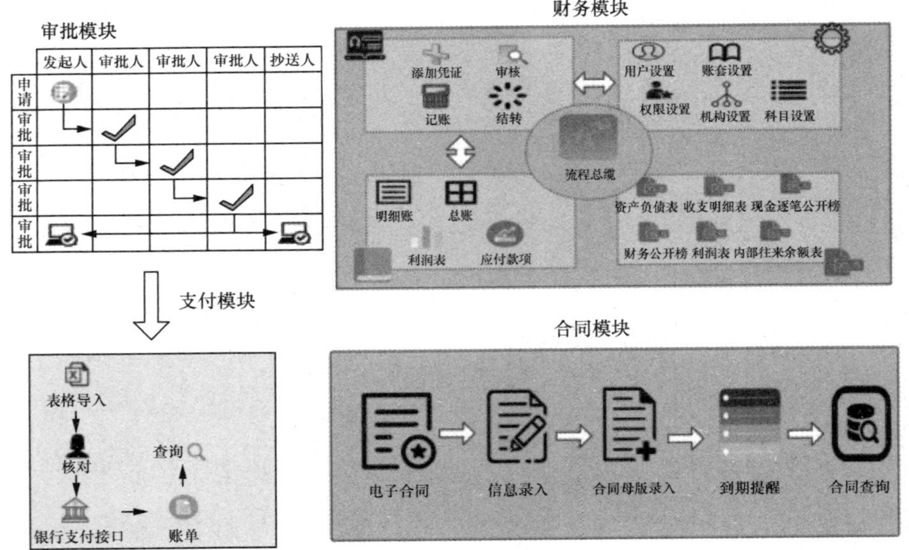

图 5-27 银农直联项目解决方案功能架构

区块链技术负责底层架构，构建政务信息的可信存储传递平台，保证四大模块政务记录的真实可信和政务试行的合规高效。四大模块包括审批模块、财务模块、支付模块、合同模块。

（1）审批模块：页面设计简单，学习成本低，使用者经过简单培训就可以使用。

（2）财务模块：支持基本的财务功能，可根据用户需求输出定制化报表。

（3）支付模块：根据不同的业务场景提供四种支付方式，解决支付难题。

（4）合同模块：实现合同到期预警、一键对账、数据统计等功能。

区块链赋能阳光政务

区块链技术具有难以篡改、可追溯的技术特性，因此在阳光政务实施过程中具有天然的廉政属性。数据难以篡改，保证了整个运行体系的公开、公正和透明。其可溯源性保证了每一项审批、决定、资金的使用，甚至系统中的所有行为，都被完整地记录下来并难以篡改，是名副其实的终身负责制。

（1）权责真实可信，业务流程透明

望天银农直联系统的核心是实现资产的精准监管、责任的精准认定和数据的精准留痕。银农直联系统从村干部提出申请、各级审批人审批、当地经管站（农村经济经营管理）工作人员打印审批单，到最后资金转账，所有信息都会实时写入区块链进行监管，实现有效的账号监管和权力管理。通过望天银农直联系统，每一个操作人的操作痕迹都会留存且难以被篡改，通过数据存档达到明确每一个人的责任与权力的监管目的。

（2）数据保密安全，分享权限清晰

银农直联的数据传输依托互联网。传统的互联网信息传输中存在数据被意外篡改、数据灭失、数据泄露等一系列风险。通过传统的网络技术手段可以适当改善系统风险，但是无法全面杜绝。

望天银农直联系统依托区块链技术，实现了数据的全程上链和业务链的链上同步。业务链用户直接在区块链上抓取难以被篡改的数据，防止了数据灭失的风险。而区块链非对称加密和严格的权限管理模式避免了数据泄露的风险，保证了业务数据的安全性。区块链数据权限管理在保护用户隐私和业务商业机密方面非常关键，让可信的商业数据可以获得合规、合理的应用，为银农直联系统用户创造了良好的应用环境。

（3）可监督的系统管理和权限分配

银农直联系统管理员有最高权限，可以对其他账户进行权限分配和功能管理。通过区块链技术与银农直联系统相结合，包括系统管理员和各级管理员在内的各级账户，实时地将所有操作记录痕迹上传至区块链，相关操作信息清晰可查，一目了然，能够实现透明、公正、可信的平台化监管。业务账户的全面痕迹化管理，从避免不必要的纠纷、减少恶意操作的角度来讲也是非常有意义的。

（4）统一用户管理

望天银农直联系统依托区块链技术，构建了统一的用户体系，让用户系统可以全面支持望天银农直联系统的一系列区块链应用。用户系统支持每个账户的数字资产管理、可信数据管理，并提供专属区块链浏览器实现精准展示和查询，让所有用户对账户信息有全面的了解。望天银农直联系统为每个用户提供互联网网站相同级别的用户访问体验，避免传统区块链账户的高技术门槛和操作低便捷度而限制用户对系统的使用情况。因此，望天银农直联系统是一个有互联网操作体验级别的基于区块链的应用系统。

银农直联系统特点

银农直联系统针对农村当前的现实情况，通过技术手段赋能业务流程，从全新的管理维度做了积极的探索，推动了业务目标的实现。

（1）规范财务管理制度

① 合同模块将不合规、不透明的合同监控起来，和支付模块相结合，解决农村财务中“收”和“支”不匹配的问题。

② 审批模块规范了财务制度的审批流程，每一笔款项的使用必须经过严格审批，否则无法支出。用户可根据不同的账务流程选择不同的审批流程。

③ 各村实体账户统一纳入村银对接资金管理平台，各村自主发起转账交易，同时通过权限配置，实现服务站、镇农经站、区农办等部门对资金转出的审核和监督管理。

④ 每一项列支都经过严格审核，避免巧立名目、报销混乱。

⑤ 所有账务都通过平台进行电子化交易，避免现金交易带来的后遗症。

（2）村民主理财小组审批

① 给予村民主理财小组审批的权利，使农村资产的使用更加规范、民主。

② 村民主理财小组实至名归，充分发挥监督职能。

③ 根据不同的账务流程自由选择审批人和审批顺序，做到工作高效、流程规范。

（3）账务实时动态监管

① 上级部门可以对所有账务进行实时动态的监管，可以实时地将财务数据及报表公开公布。

② 账务信息智能存档，可根据多个查询条件实现精准查询。

③ 能够实现银行柜台的功能，随时调取银行流水和转账详情等。

（4）对县级经管站的作用尤其明显

① 可以批量操作、批量录入、自动生成凭证，减少经管站财务人员 70% 的工作量，节约工作人员大量的时间、精力。

② 软件操作简单易学，即使没有财务经验，经过简单的培训也可以很快掌握。

③ 借助区块链技术，所有操作行为都被可靠记录，在系统严格规定的流程下规避了人情关系给财务工作带来的诸多不利因素。

银农直联系统优势

银农直联软件利用底层区块链技术保障了政务信息的可信、安全存储，以及透明、高效流通，支撑了村银对接资金管理平台“一二三四”的系统设计，即一个平台、两级账户、三方审核和四级查询。

一个平台是村银对接资金管理平台。为了适应三资管理的工作要求，望天科技配合区委农工办和银行合作开发村银对接资金管理平台，实现账户实时监管、支出实时审核、账实互通互联等核心功能。

二级账户是各村保留原有银行实体账户，账户具有唯一性，便于后续的持续监管。镇（街道）开设零余额管理账户，通过零余额账户实现对村账户的监督与管理。

三方审核是村级资金转账，由村会计、镇会计服务站代理记账员、财政分管领导三方审核。未经审核或审核不通过，资金无法出账。

四级查询是通过配置不同的查询权限，村（社区）经济合作社、镇（街道）会计服务站、镇（街道）农经站、区委农工办都能对不同层级账户实现查询和监管。

可信、高效的系统设计赋予了银农直联系统四大整体优势以及四大层级优势，如图 5-28 所示。

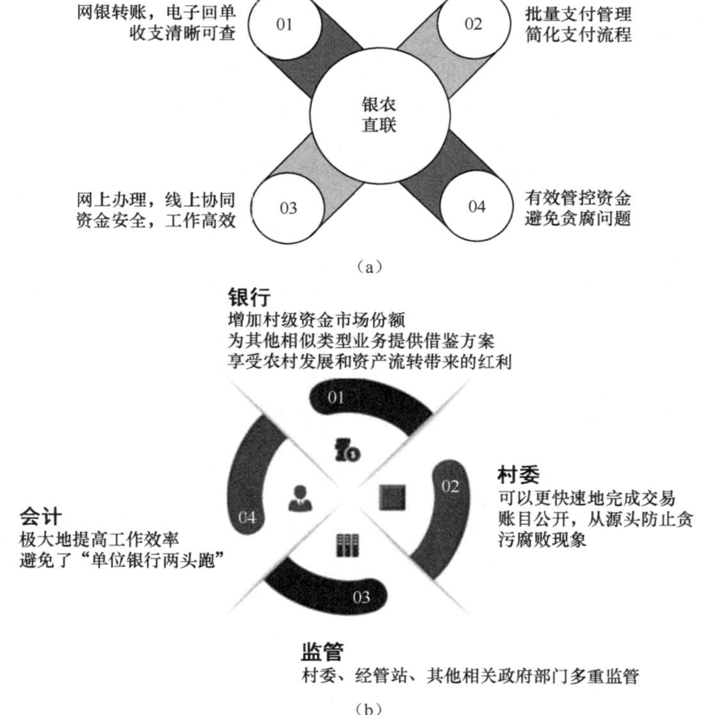

图 5-28　四大整体优势（a）与四大层级优势（b）

基于以上优势，已在山东省全面运行的银农直联系统获得了巨大成功。人民日报新媒体发布：2019 年 4 月以来，山东省临沂市罗庄区册山街道在区农业农村局的指导下，与当地农村商业银行合作，用科技手段对合同实施有效监管，联合开通了银农直联系统，着力解决集体土地承包费欠缴、失收等问题，让村级资金收支及合同管理公开、透明、有迹可循。截至目前，全街道 31 个自然村已有 28 个村完成了清欠任务，收缴承包费达到 800 余万元，登记备案集体发包土地资源面积达到 5798.78 亩，监管承包合同新增 1385 份，大大减少了因财务不透明引起的群众上访事件。

5.5.4 行业展望

阳光政务是政务现代化的大趋势，信息公开、政务公开、财务透明、及时了解和响应人民群众的愿望与呼声都是重要的方向。

银农直联项目的意义在于通过数字化、平台化的方式，切实推进了政务公开、财务透明和廉政建设，可以应用到大量的乡村，极大地推进阳光政务的施行。

同时，该项目也给相关服务企业和区块链技术企业提供了全面的发展机会。相关企业应顺势而为，充分利用区块链技术，基于实际业务开发出功能全面、可以解决实际问题的银农直联系统，力争持续推进区块链技术在实体产业的扎实应用。

第 6 章

其他领域的区块链应用落地案例

6.1 临港科创券+区块链

6.1.1 科创券政策背景

科创券是政府部门针对当今创新企业（尤其是中小企业）为改善自身经济实力不足、缺乏资源的状况设计和发行的一种“创新通证”。政府主要通过购买产品和服务的方式支持中小微企业或创业团队开展创新活动，鼓励他们进行创新开发，共享科技创新资源，降低科研创新投入成本，同时盘活科研基础设施和大型科研仪器等相对应的创新资源。

科创券于 2004 年由荷兰政府首次提出，其经济事务部下属的创新与可持续发展局负责该项政策，采用单一券和联合券两种形式。单一券又称小额券，用来解决单个中小企业商业发展的技术问题，最高面值为 2500 欧元。联合券又称大额券，用来解决企业关注的共性问题，其最高面值为 50000 欧元。

世界上推行科创券政策最出色的国家是新加坡。自 2009 年至今，新加坡已经将科创券推广到各个领域，有效促进了中小企业与知识技术部门的合作及知识产品商业化，增强了中小企业的创新绩效。新加坡的科创券申领方便，使用范围广，涵盖了科技创新、生产率提高、人力资源服务和财务管理服务四大领域。其中既有技术支持、新工艺研发、产品升级这样的硬服务，又有知识产权管理、人力资源管理以及财务管理这样的软服务。科创券在结项时由企业和知识服务机构共同提供结项材料，有些项目结项后还有跟踪服务。

我国从2012年起在各地试验性地推出科创券服务，科技部印发了《关于促进新型研发机构发展的指导意见》，其中第十四条第二项提到，鼓励各地采用创新券等支持方式，推动企业向新型研发机构购买研发创新服务。所以，各个地方政府都在积极推进科创券的实施。

创新券资金来源主要有以下三种不同的安排方式：

（1）在财政科技资金中统筹安排；

（2）在已有的财政专项资金中安排；

（3）专门设立创新券财政专项资金。

科创券的使用领域包括以下四个方面：

（1）科创设备、仪器、设施共享，技术测试检测服务；

（2）合作研发、委托开发、研发设计的购买；

（3）知识产权、文献情报、技术解决方案的购买；

（4）科技创新中的政府服务、财务法务、政策咨询、人员培训等服务。

科创券兑付时采取供方兑付和需方兑付，分别由产品服务的提供者和需求方先行垫付科创券相应的费用，经过审核后由政府兑现。

6.1.2 现有科创券系统的局限

现有的科创券系统存在不少局限性，主要体现在以下几个方面。

（1）可购买的产品和服务品种单一。

我国运营中的科创券可购买的产品和服务都是已经在政府的优惠政策中的产品和服务，品种和数量都较少，其实质是原有科技创新补贴的变型。

（2）兑付周期过长，资金垫付压力大。

大部分科创券一年只能兑付一次，资金需要企业垫付，对于中小企业来说有一定压力。

（3）审核环节烦琐，无法实时监控使用过程。

申领、使用、兑付科创券时为了保证符合条件，科创券的发放和使用者、接受方及兑付审核人都要花大量人力、物力对各环节的条件进行审核，政府相关职能部门对科创券的状态、购买的产品和服务质量无法实时监控。

（4）各地政策不同，条块分割导致效率低下。

各个地方的科创券政策各不相同，同一个地区不同的创业园区政策也不相同，企业需要了解各种不同的政策，获得的科创券无法异地使用，这限制了可购买的产品服务种类。

6.1.3 区块链解决方案

未来区块链技术在我国最重要的应用空间是产业领域，科技创新则是区块链技术的主要应用方向。区块链技术和科创券系统二者相结合，其可追溯、难以篡改的特点，能够助力打造新的科创信用体系，缩短信任链条，提升科创产业的信任协同，真正提高科创产业平台的效率。

为了打通长三角区域的科创研究院、科创中心、行业协会、产业孵化器等机构间的壁垒，集合区域科创资源，实现科创一体化，临港国际科创研究院通力打造了基于区块链技术的长三角科创新平台。平台利用区块链所具有的信息安全、数据溯源、可信共识等特性做好可信存证，更通过流通在创新平台上的科创券把长三角各地协会、园区、企业、空间、孵化器串联起来，实现信息、资源、项目、孵化、交流、人才等一站式综合解决方案。目前，该平台系统具有项目申报、信息发布、会议人员、会议组织、科创活动、投资后治理等功能，目标是通过区块链技术实现可信存证，达到数据库、项目库、人才库资源共建共享共治的目的。

科创平台系统的重要组成部分就是科创券，它的本质是政府为企业科技创新生产提供政策性补贴的前置通证。在平台生态系统中，科创券参与节点之间流通，从而实现价值流转。长三角科创平台科创券系统功能架构如图 6-1 所示。

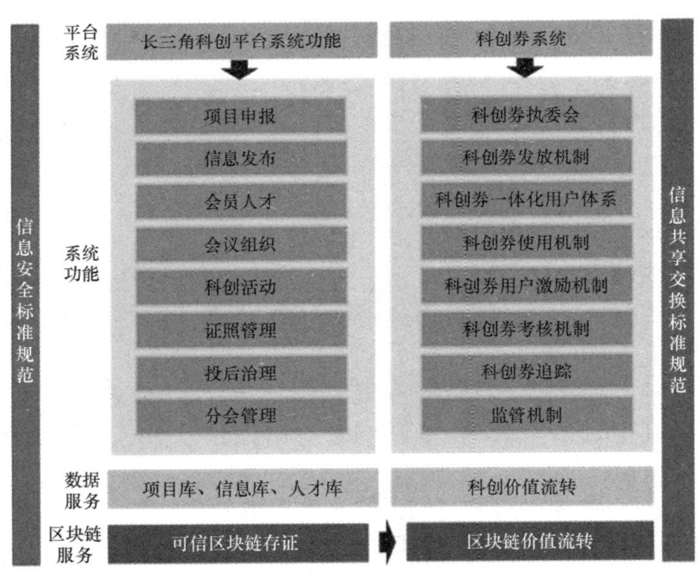

图 6-1　科创券系统功能架构

科创券系统框架

科创券系统的目标是建立一个政府职能部门可以实时监管的科创服务生

态体系，其采用区块链技术中的联盟链，可以使多个利益方协同过程高效规范化。

科创券生态体系中有四个角色，如图 6–2 所示。

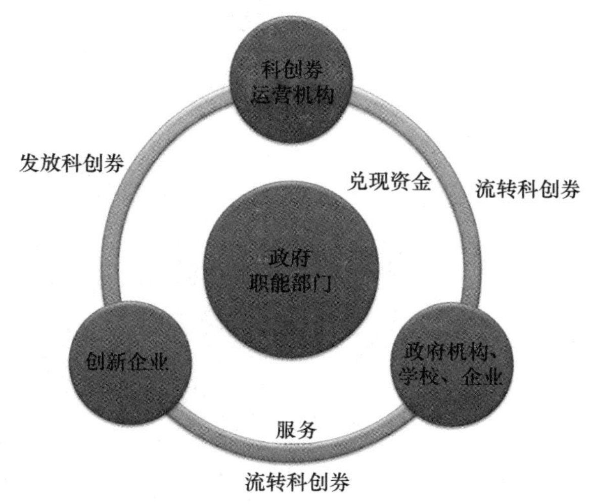

图 6–2　科创券生态体系

（1）科创券的发行/兑付者：科创券运营机构

运营机构负责科创券的发放、兑付、系统日常运营。通过区块链技术对该系统进行维护、管理、升级，在使用科创券时针对不同产品服务采用不同配比，需要企业支付部分现金。

（2）申领/使用者：创新企业

创新企业通过区块链系统申领和使用科创券，在链上记录申领和使用过程，可以提高创新企业和运营机构、服务机构和政府监管部门之间信息交流的效率，做到过程透明可追溯。

（3）产品服务提供方：政府机构、学校、企业

产品服务提供方的产品服务种类是决定整个体系成败的关键因素，要建立一个吸引企业来购买的产品资源池，坚持市场化的原则，调动政府、学校和企业支持创新的积极性，利用存量的科研设备、基础设施和服务资源。

（4）监管方：政府职能部门

政府职能部门通过区块链实时监管资金使用和发放情况，从而可以减少审批环节，并使每个体系内的操作均可以溯源，避免了人为的不规范行为。

科创券应用场景

目前，科创券具有以下应用场景。

（1）在信息发布系统中，科创券可激活信息发布服务，起到积极引导、有效管理、分享资源的作用。

（2）在科创活动管理中，科创券可用于活动报名、活动服务、活动发起。

（3）科创平台鼓励各节点使用科创券进行项目征集，提供会员项目申报功能。通过收益前置、事后回购的方式引导科创项目的征集和申报。

（4）在投资项目管理流程中使用科创券，用区块链技术做好投资项目管理、投资人管理、出资认证、决策管理、投后管理、可信存证。对于企业来讲，科创券可以起到扶持和孵化支持作用；对于长三角区域内各科创平台来说，通过投资项目管理、投资人管理、出资认证、决策管理、投后管理，可以实现科创券闭环流转。

（5）系统内各种服务可以用科创券购买。

6.1.4 科创券系统生态建设的展望和建议

《中共中央关于坚持和完善中国特色社会主义制度、推进国家治理体系和治理能力现代化若干重大问题的决定》中提出了完善科技创新体制机制的要求，要求建立以企业为主体、以市场为导向、产学研深度融合的技术创新体系，支持大中小企业和各类主体融通创新，创新促进科技成果转化机制，积极发展新动能，强化标准引领，提升产业基础能力和产业链现代化水平。

临港科创券系统率先开展科创活动区块链创新应用，统筹建立以区块链技术为核心的新型科创信息资源共享机制，探索运用区块链技术助推跨层级、跨部门、跨区域的项目库、人才库、信息库共享互认，并在科创领域开展应用示范，为全国科技创新模式探索可复制、可推广的经验。

6.2 计量溯源+区块链

6.2.1 计量行业发展现状

随着信息化技术的快速发展，计量行业也随之快速发展。从宏观的角度来看， 现代测量仪器的概念与意义早已不再是“仪表”“测量”“测试”等表面含义，它是以单片机为控制核心的“智能仪表”，是以信息处理和多传感器智能检测为基础的“专家系统”。

近年来，仪器仪表和计量检测技术在开发领域正日趋智能化，对传感等技术的研究与处理也已经处于迅速发展的阶段。这使很多以往无法获知的参数得以准确测量，计量进入了很多过去无法涉猎、观测及研究的领域，在测量领域和所得参数上逐步实现了真正意义的智能化。智能化的仪器仪表使自动搜集测量信号、调整测定值、调控与处理测量过程、处理测量结果等一切看似不可能的技术成为可能。

日益智能化、数字化、大数据化的计量产业，一方面逐步淘汰了传统的人工测量及分析过程，另一方面也对计量管理提出了新的挑战。质量管理过程从事后检测转变为事中控制、事前预防。与原来的成品检验相比，整个生产过程的监控和即时检测强化了质量管理，减少了故障与人工疏忽问题的发生概率，但同时对计量过程中数据的可信流动、高效整合和系统化管理提出了更高的要求。

6.2.2 计量行业面临的痛点

计量行业随着科技的进步快速发展，但也暴露了诸多问题和痛点。这些问题和痛点可以归纳为以下四个方面。

（1）计量检测前

在计量检测设备管理工作中，设备需要得到计量管理部门的认证才可投入使用。各个企业均有属于自己的计量检测管理文件和准则，在使用计量检测设备前要经过计量管理部门认证，但是在实际工作中却并未有效执行，致使计量检测设备类型选择不合理，造成了严重的资源浪费。如果计量检测设备初次鉴定工作未完成，很容易使设备原有的缺陷和不足被忽视，从而导致鉴定结果的精准度不高。

现代企业对计量管理工作的重视程度逐渐提升，并且制定了一系列较完善的管理制度，为开展工作提供了参考依据。但是在实际工作中，由于种种主观、客观因素的影响，这些管理制度未能落到实处，计量检测设备的后期维修和保养不足，损坏现象尤为严重。因此，后续的计量检测工作常常无法有序开展。

除了意外导致计量仪器指标或参数失真以外，我们还会碰到一些人为的因素，例如，故意修改参数让测量结果朝着预期的方向发展。列举一个通俗易懂的例子，菜市场的卖货方会人为调整电子秤的灵敏度，以便卖个贵点的价钱，买货方却基于对电子秤的信任而多花了冤枉钱，电子秤作为价值尺度的作用就被黑心商贩利用了。诸如此类的行为都发生在计量检测前，其产生的失真的测量结果也让数据使用方头疼不已，最终体现出来的计量结果就达不到本次计量检测的目的。

（2）计量检测中

在对标的物进行计量检测的过程中，我们也会碰到很多问题。计量检测工作需要专业的人员进行专业的操作。计量检测人员需要遵守相关的法律法规及规章制度，不断学习并提高自己的职业技能及专业素质，提高发现和解决问题的能力，保证所出具的数据真实、可靠、准确和完整。但在实际开展计量检测工作时，有些计量检测人员没有严格按照规章制度开展工作，而是根据自己的习惯和意愿进行操作，导致目标物的检测数据和实际客观数据之间差异较大，结果产生较大的偏差，导致计量检测结果失真。

（3）计量检测后

在获得计量检测结果以后，我们还会面临一些问题。一方面，在进行校准检测工作时，确保计量器件能正常工作是保证检测质量的前提。因此，计量管理系统需要具有能够对计量器件进行在线实时监控的功能，不但能高效准确地记录和管理监控数据，还可回溯监控过程中产生的异常数据，以此对计量工具进行故障分析。另一方面，在目前的计量数据管理过程中，大部分工作仍然是采用人工统计与纸质文件流传的方式，其中就存在许多人为录入错误数据和数据丢失的风险。同时，计量院还需要有针对性地处理并存储巨量数据，其流程十分烦琐。

现存的数据库大多数是中心化的，而中心化的数据库存在太多被篡改的可能。在整个计量检测过程中，无论计量检测的前期和中期做了多少工作以保证最终输出结果的客观性、可靠性，只要数据库掌权人想改数据，在软件系统中操作一下就能更改检测的最终结果，数据造假、舞弊的风险还是非常高的。而这类造假的结果验证起来又比较麻烦，并且需要调取原来的纸质文件等中间一系列操作也都是可以被篡改的。这就给目前的检测数据的可靠性、真实性带来了很大的挑战，成为行业实实在在的痛点。

（4）监管方面

长期以来，对于监管方而言，集贸市场的计量管理一直是薄弱环节，原因是多方面的。例如，市场内经营者素质参差不齐，流动性大，法制意识淡薄；集贸市场主办者多元化，管理职能缺失；政府职能部门人手不足，监管不到位；等等。因此，加强计量监管，营造诚信经营、公平竞争、健康有序的计量环境，保护消费者利益，是监管方计量管理亟待研究解决的重要课题。在监管过程中，监管者会发现，在他们检查时，计量仪器和设备都一切正常；当他们检查完毕后，计量仪器与设备的所有者就把相关参数调成了有利于自己的参数。而对于这些行为，监管者却无可奈何，无法实现监管的目的、达到监管的效果，消费者的利益也得不到保障。

6.2.3 区块链解决方案

通过运用区块链技术，发挥区块链的特性，并与物联网设备相结合，上海临港科创中心、上海计量测试技术研究院，会同链度科技、阔诤（上海）科技有限公司构建了一套智慧计量溯源存证系统，其支持司法文件、证据文件、版权和所有权的保护、财政数据保护。

智慧计量溯源存证系统以区块链数据存证技术为核心，将重要数据信息上链，易于溯源，便于有效监管及司法。其存证数据与司法机关打通，可进行诉讼、仲裁、公证及司法鉴定。该系统能做到为存证用户提供保真、溯源、保护隐私等服务，实现了计量可溯、监管可控，解决了传统信息存证相关业务中安全性差、真实有效性低等痛点。具体的区块链存证流程如图 6-3 所示。

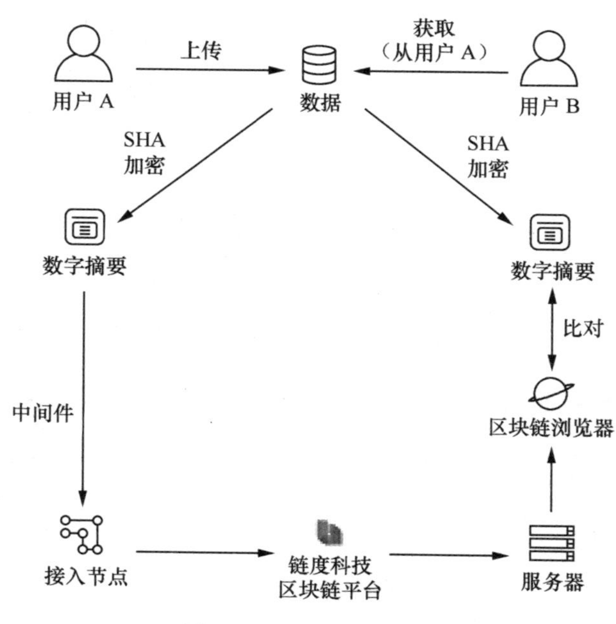

图 6-3 区块链存证流程

智慧计量溯源存证系统包含五大管理功能模块，如图 6-4 所示，能够实现多要素管理。

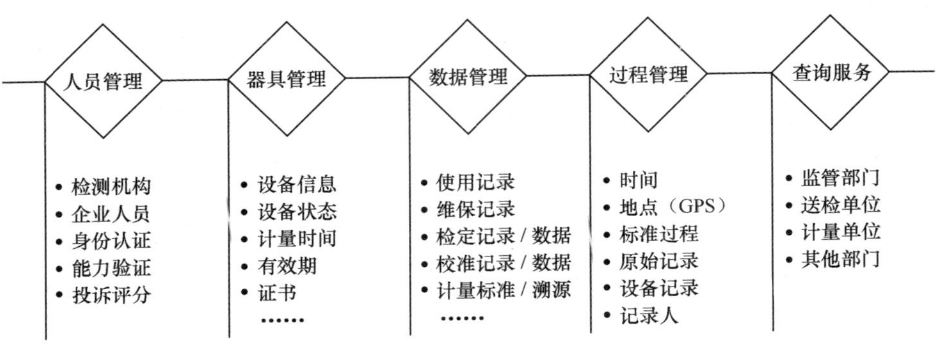

图 6-4　五大管理功能模块

人员管理旨在规避操作风险。检测仪器使用者在使用仪器前需将自己的真实信息录入系统，进行存证。使用者的任何操作都会作为存证在区块链上反映，一旦使用者执行了违规操作，都会被记录下来且不可篡改。再以集贸市场为例，经营者对有智慧计量溯源存证系统的计量仪器进行不法操作、乱调参数时，任何一步操作都会被记录在存证链上，这就导致监管机构或消费者可以很清楚地看到计量仪器或设备有没有被人恶意调整过，因而增大了经营者的造假成本。到了司法环节，因证据充分，经营者的恶意操作也瞒不过去，所以能够处罚明晰。对于消费者来说，因为有智慧计量溯源存证系统的存在，所以消费者对计量器具和设备的信任程度提高了，从而降低了信任成本，提高了社会运作效率。

器具管理旨在对计量仪器或设备进行管理，从设备的生产环节上链开始，到设备的流转、使用环节层层溯源。如果计量仪器或设备出现了问题，我们可以通过一层一层的溯源找到出问题的节点，明确各个生产过程或者流转过程的责任，从而可以减少许多法律方面的问题和司法成本。我们也可以对计量仪器或设备本身的状态进行管理，对计量仪器状态的可检测部分实时上链。如果设备精度失调或者有所损坏，在链上可以第一时间反应，从设备使用者到设备监管方都能第一时间获取相关信息，从而能最大程度地避免不良设备造成的测量结果不可靠、不真实的情况。在合格证书和有效期方面，到期以后自动提醒或者自动停用，避免了过期或不合格设备的继续使用。

数据管理方面，从计量仪器或设备的使用记录、维保记录到计量仪器或设备的检测数据，我们都可以通过上链的方式提高数据的可靠性和准确性。以维保记录为例，被检查方可能会在每次监管来临前两天开始补维保记录。但是在区块链上，因为有时间戳和众证机制的存在，被检查方很难补上前几天的维保记录。也就是说，被检查方无法造假了，区块链大幅提高了造假成本。同时，因为数据上链，多中心化的数据库无法再像原来中心化的数据库被随意篡改。其篡改数据的成本大幅度提高，舞弊和造假的难度及风险也大幅度提高。与没有区块链系统的时候相比，区块链系统提高了数据整体的可靠性和真实性。在物联网方面，计量系统也采用了更多的物联网设备，前面提到目前仍然有大部分工作是采用人工统计与纸质文件的传统方式，实际上人工统计录入数据的环节也加大了最终统计数据不准确的风险。在智慧计量溯源存证系统中，我们通过加入更多的物联网设备等智能系统，自动测量、自动抓取数据、自动上传，从源头把控数据的可靠性及真实性，更好地完成计量工作，达到计量目的。

过程管理方面，如果能确定计量检测行为的时间和地点，就能规避这部分偷懒或者造假的可能。以水质检测为例，黄河各段的水质都是不一样的，有关部门需要定期对各段进行检测。那么，如何确定检测人员在指定地点进行了水质检测，而不是偷懒，在不合理的地点、不合理的时间段进行了水质检测？通过智慧计量溯源存证系统的过程管理模块，时间戳系统和定位系统在每次检测时自动发送一个检测时间和检测地理位置，从而可以提升检测结果的可靠性和真实性。

查询方面，消费者和监管单位都可以查询计量仪器或设备的使用情况、当前状态。还是以集贸市场为例，质检部门定期地检查和抽检，耗费大量人力物力不说，还不容易查到计量仪器所有者的舞弊行为。对于监管部门来说，这是一个实实在在的痛点。如果所有计量仪器都有一套智慧计量溯源存证系统，那么监管部门可能就再也不用高频率地外勤抽检了，只需要在计量平台上点两下，各个计量仪器或设备的状态都会实时显示，一旦发现有人违规操作，就可以根据非常清晰的证据链条直接做出处罚。因此，智慧计量溯源存证系统大幅降低了执法成本，同时也保护了消费者和数据使用者的利益。

6.2.4 行业展望

在我国努力建设世界科技强国的征途中，建设世界水平的计量能力也是不可或缺的。这就要求在制造出更精密仪器的同时，也需要提高计量检测管理水平。以区块链技术作为支撑，结合物联网、人工智能、大数据、云计算和 5G 技术，我们可以将计量检测管理水平提升到一个新的高度，将计量检测数据结果的真实性和可靠性提高到一个新的维度。

无论是工农业生产，还是能源、科学研究、国防、贸易、人民生活，计量涉及社会的方方面面，是社会运行的基础。计量区块链将打造可信社会的基础，提升社会治理的效率，降低社会治理成本。计量与区块链技术的结合将带来广泛的社会影响。

6.3 内容版权+区块链

6.3.1 内容版权行业发展现状

内容版权行业主要指网络文创类内容作品的版权注册，以及依托版权保护进行内容创作、发行、分发和 IP 衍生金融交易等相关业务领域。其中，文娱内容作品的表现形式包括文字、音频及影视等多种类型。

2018 年 4 月 23 日国家版权局网络版权产业研究基地发布的《中国网络版权产业发展报告（2018）》中显示，2017 年我国网络版权产业市场规模达 6365 亿元，较 2016 年增长了 27.2%。其中，用户付费规模为 3184 亿元，占比突破 50%。网络版权产业形成了用户付费和广告收入双引擎同时驱动的良性发展模式，标志着网络版权产业从流量经济进入重视内容质量的时代。

版权保护方面引入区块链将有助于提高版权保护力度，从而激励内容创作的不断增长。2018 年 4 月 27 日，工信部信息中心工业经济研究所所长于佳宁表示，通过区块链技术，可以将数字作品的作者、内容和时间绑定在一起，降低违规造假侵权的可能性。此外，数据将变成有价值资产，分享数据能获得利益。创作即确权，交易即授权，发现即维权。

6.3.2 传统版权行业的痛点

传统版权行业的运营模式存在诸多痛点，严重影响了版权在数字经济时代的应用。

（1）盗版及侵权泛滥。

数字内容复制几乎零成本，但内容的版权登记却缺乏高效、便捷的途径，侵权成本低而维权成本高，并且存在大量内容版权信息及授权规则不清晰的情况，无法满足“取得合理授权”的需求。

（2）内容中介平台强势干预，抑制优质内容创作动力。

互联网内容分发中介平台凭借网络规模效应，掌握大量用户流量，绝对主导内容的推荐、分发。一方面，内容平台收入分配比例不公平，内容创作者收益被压缩。例如，Apple Music 和 Spotify 等音乐流媒体平台分配了 80% 的收入。另一方面，文创内容消费由生产端向用户端倾斜，小众审美和个性化定制流行起来，但中心化内容控制限制了新兴优质作品的价值发现，对新晋创作者不友好。

（3）大量虚假信息导致优质内容挖掘成本高。

当今互联网内容平台尤其是自媒体的爆发性增长导致内容生产和传播非常快速，加上“眼球经济”的刺激，使“爆炸性虚假内容”泛滥。但由于原始信息发布的主体及传播途径很难追溯，信息的真实可靠性变得难以判断，挖掘优质内容的成本持续上升。

6.3.3 区块链解决方案

纸贵科技区块链保护平台为数字作品版权保护提供了新模式。其通过区块链技术的分布式存储、时间戳、难以篡改等技术特点，对音频视频、图片、文字等各类数字作品提供版权存证以及确权。平台具有成本低、效力高、时间快等特点，能高度适配互联网环境对原创作品进行版权保护的需要。

技术优势

纸贵区块链版权登记是以“时间戳 + 区块链”为核心。其中，时间戳根据 UTC（全球标准时间）为原创作品写入创作时间说明。时间戳完全符合《电子签名法》的相关规定，具有很高的司法效力。区块链数字版权登记流程如图 6-5 所示。

图 6-5 区块链数字版权登记流程

而且，区块链的信息难以伪造和篡改，无须任何中心化机构的审核，版权存证服务平台将版权登记的申请人、发布时间、发布内容三者合并加密，所有信息均同步至公证处的系统，保证任何时刻均可出具公证证明，具有最高司法效力。

版权监测系统将侵权 URL 地址提交给侵权取证系统。侵权取证系统对 URL 地址进行域名解析，对侵权网页进行抓取，形成证据，并将取证结果保存到纸贵联盟链中。取证结果真实有效，符合法律要求。版权方在发现侵权行为时，可以快速调用纸贵 BaaS 服务中侵权取证接口，对侵权网站进行页面抓取取证，并将取证结果保存在纸贵联盟链中，取证结果不可篡改，永久有效。

系统对侵权 URL 地址进行域名解析，对解析后的页面自动进行页面抓取或录屏操作，将侵权行为固化为证据进行保存。固化后的证据保存在区块链中，数据永久存储且不可篡改，符合法律对电子证据的要求。具体的侵权行为存证流程如图 6-6 所示。

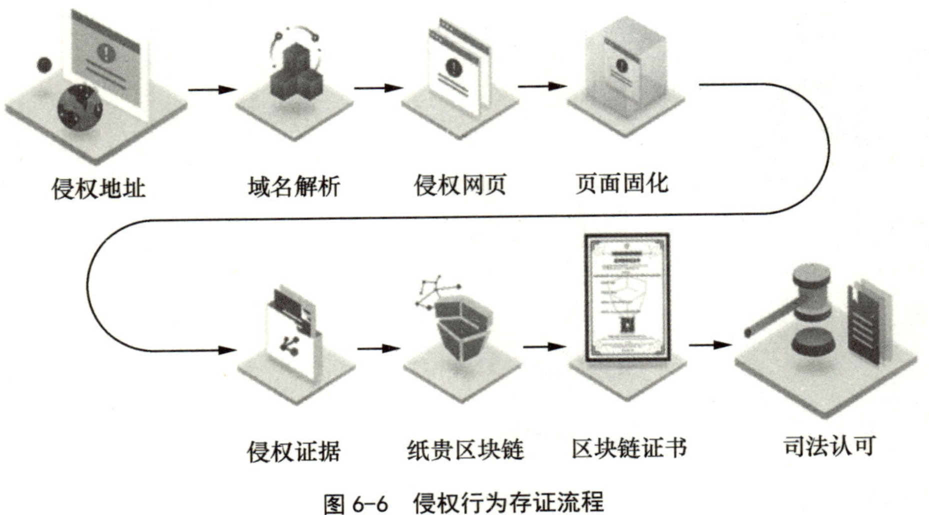

图 6-6　侵权行为存证流程

平台特点

纸贵科技区块链保护平台具有便捷、安全、可信、可扩展的优势，具体优势体现在以下几个方面。

（1）全自动存证服务

对于任意文件和任何信息，基于区块链技术的全球性服务能够以去中心化的方式、用纯粹的数学算法提供匿名且安全的存在性证明；可根据用户需求，无须任何第三方介入，能够便捷和极低成本地证明某个人对任意类型文件的所有权。

（2）无须上传存证内容

本地获得内容指纹而无须上传任何文件。用户无须上传任何需要存证的内容到区块链，在客户本地将该文件内容转变成加密摘要或哈希值。数字摘要是根据网站内容字符串使用哈希算法得到的，除非同一份文件计算出来的摘要，否则不会有相同的两个摘要信息。

（3）高安全性

不需要信任第三方的算法验证方式。信息指纹将会通过去中心化的区块链技术自动保存在全球最安全的区块链上，通过人类有史以来最大的算力进行维护。其本身架构确保任何人都无法篡改数据内容，无须任何第三方或者机构进行背书就可以证明其公正性。

（4）模块化解决方案

平台可以根据用户需求提供多种服务，能够让用户方便、快捷地使用存证服务。合作伙伴可以通过调研 API 方式构建用户存证服务的自动化流程，如图 6−7 所示。

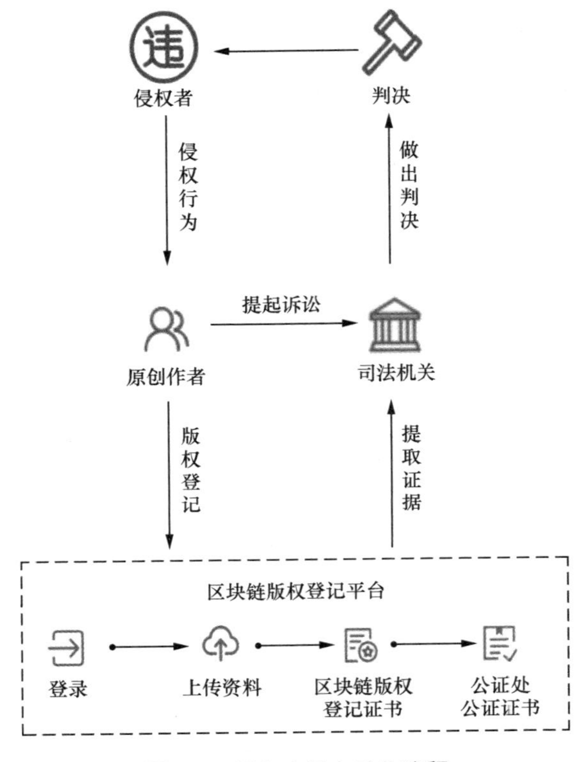

图 6-7　平台应用自动化流程

6.3.4　行业展望

我国版权资源存量巨大，并且随着文娱消费需求的日益高涨，网络内容版权市场规模将持续增长，并将迅速突破万亿元级规模。

区块链内容版权行业的业务模式已较为清晰，主要集中在版权存证、版权及衍生品交易、内容创作与分发激励三种模式，市场竞争已进入比拼战略执行力的关键阶段，并且竞争机会将会快速消失。一方面，以上业务模式横向跨越壁垒低，现已出现业务融合趋势，未来很有可能造成业务同质化，加剧市场竞争。另一方面，此业务领域对于 IP 资源、用户资源的积累有较大依赖，传统巨头进入会带来巨大的威胁。

内容版权 + 区块链能够有效推动版权保护、IP 资产衍生金融业的发展，虽然一定程度上能够优化产业利益分配格局，但并未从根本上创造出全新的消费需求。如何能够创造出新的消费需求，如何与现存版权相关法规政策协调一致，如何快速建立与巨头企业的合作关系，将会是该领域从业者接下来重点关注的问题。

6.4 商品溯源 + 区块链

6.4.1 商品溯源的产业背景

一直以来，“荧光猪肉”“毒奶粉”“地沟油”“苏丹红鸭蛋”“镉大米”等食品安全事件层出不穷，公众焦虑不已，消费者对食品安全的信任大大降低。对此，全国各地不同行业针对商品溯源的政策要求不断出台。例如，上海市商务委员会 2019 年 72 号文指出了重要产品追溯体系建设工作要点。追根溯源是解决当下这些问题的一个有效措施。

假冒商品之所以能欺骗大众，不健全的产品追溯体系、易伪造的二维码、电子标签溯源手段、中心化的数据管理（即商品的来源信息掌握在卖家手里）都是其原因。

采用物联网 +区块链技术，可以将商品从生产至销售的全流程，和包括商品类别、商品详情、商品信息采集环节及采集时间在内的所有关键信息通过可信的方式记录下来，实现对商品及流通环节的追溯管理。这样一方面可以让消费者掌握真实的商品信息，提升商品的价值；另一方面可以实现全产业生态的数据价值发掘和商业模式创新，助力产业升级。

6.4.2 溯源的价值

产品溯源的核心功能是通过对所有批次产品从原料到成品、从成品到原料的双向追溯来实现的。在保证数据安全的同时，溯源平台对每个人工参与的环节均做好了身份鉴权以及数据实时备份。这对于企业的内部管控、外部品牌维护和社会监督追责都有重要的价值。

高效内部管控

（1）为了维护产品品质、树立品牌形象，企业需要严格管控产品的生产、包装、仓储、运输、经销流程，避免产品在流程中出现违规、造假现象。通过溯源，企业可以对全流程进行过程监控、安全问题责任追究，加强薄弱环节的监管。

（2）企业可以根据溯源数据不断优化生产流程，标准化生产规范，提高产品质量和产量。

提升品牌形象

（1）通过溯源系统，企业向用户展现产品的真实产业链流转行为和数据，达到溯源溯真的目标，实现产品安全消费，满足用户的知情权，提升用户的信任度，拒绝以假乱真，提升自己的品牌形象。

（2）企业可以通过自己固化的产业链流程、特有的产品内部信息、严格的溯源数据采集环节，提升造假难度，打击假货，提高产品附加值和市场竞争力。

事故责任管控

（1）通过溯源系统，企业向社会公开自己的生产、包装、仓储、运输、经销流程，并且提供可查询的数据，接受社会监督。

（2）当产品发生问题时，社会、政府、执法机构可以通过溯源系统追溯产业链各环节的数据，定位问题发生的环节和责任方。同时，产业链参与方也可以通过溯源数据自证清白。

（3）来源可追溯，去向可跟踪。企业通过溯源系统可以查找到产品发生问题的环节，同时可以跟踪从出问题环节流转出去的产品去向，及时追踪产品并进行召回等，避免事故进一步扩大。

溯源系统在技术实现上需要遵循以下原则。

（1）溯源数据的采集需要技术手段丰富、采集灵活、数据准确、效率高，对现有生产工艺改造代价小、成本低。

（2）溯源数据采集需要进行严格的权限控制，只有流程中必要的环节和授权角色可以上传数据，控制好数据的录入、修改、删除权限，且最好不提供修改、删除权限。

（3）溯源数据在产业链参与角色间进行共同维护，同时在产业链内外并面向社会、消费者进行分享，所以需要控制数据记录和呈现范围。由于溯源涉及数据共享、共同维护，所以数据的安全变得非常重要。数据的安全包括两方面，一方面是数据存储的安全性，另一方面是使用的安全性，需要有严格的备份机制和访问权限控制。

6.4.3 区块链解决方案

上海链度科技开发的链度物联网区块链溯源体系是集物联网、区块链、移动互联网于一体的新一代防伪溯源服务平台，其总体架构分为四个层级，如图 6-8 所示。

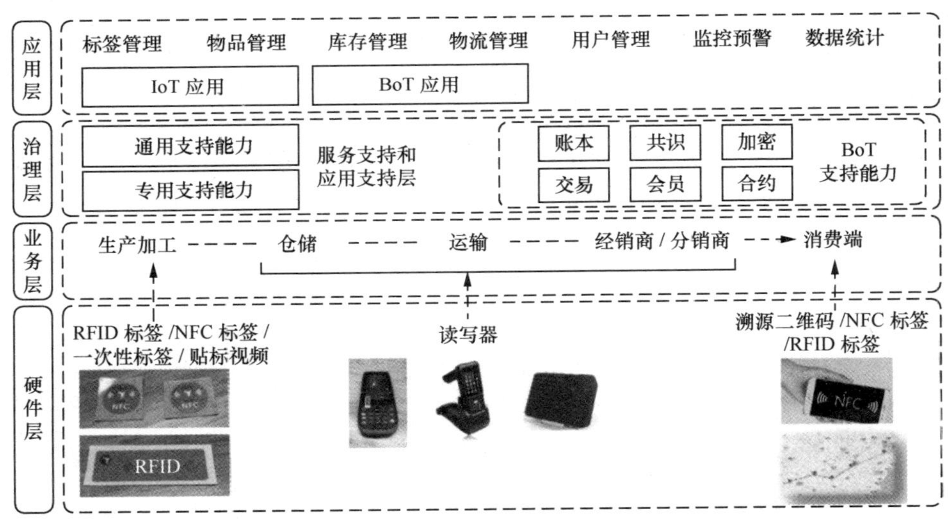

图 6-8　物联网区块链溯源体系架构

（1）应用层

应用层主要包括平台的标签管理、物品管理、库存管理、物流管理、用户管理、监控预警及数据统计等功能。应用层可以是溯源数据的来源端，也可以是溯源服务的接收端。解决线下数据录入系统过程中的风险，需要物联网设备作为可信的自动化数据采集手段。

（2）治理层

治理层是溯源应用落地过程中必不可少的重要组件，包括通用支持能力、专用支持能力和链层支持能力。其中，链层支持能力包括账本、共识、加密、交易、会员、合约等内容。治理层对于整个溯源联盟链的架构维护起到了至关重要的作用，是区块链系统最重要的组成部分。

（3）业务层

业务层为溯源应用提供核心业务服务，保证了服务的高可用性、高便捷性。其中，在生产架构、仓储、运输、经销分销、消费端等过程中提供可靠的数据接入、精准的数据计算等服务，是溯源应用提供能力的保证。

（4）硬件层

硬件层提供了基本的物联网基础数据服务，物联网设备决定了数据来源的可靠性。区块链保证了数据的真实性、数据传输的可信性，以及数据的安全存储、分析和计算，从而为应用方提供了高效、精准的数据服务。

酒类应用场景

本节结合酒类溯源应用，详细描述物联网区块链溯源系统的实践应用，其流程如图 6-9 所示。

链度科技酒类防伪溯源系统主要由 RFID 电子标签、S2i 防伪码、基因芯片扫码枪、溯源联盟链、区块链溯源后台及溯源 Dapp 六个部分组成。

（1）RFID 电子标签

每个标签具有全球唯一的芯片序列号，无法被复制；标签贴于酒瓶盖，实现了防转移，用后即毁。

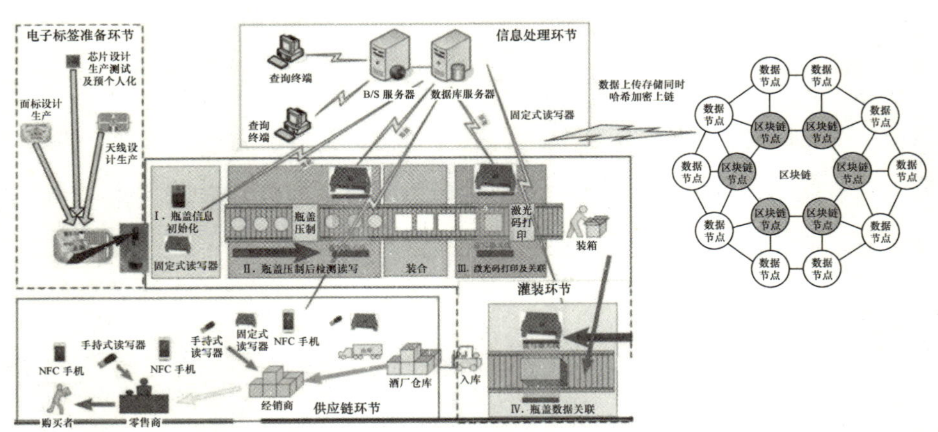

图 6-9　酒类区块链溯源应用流程

（2）S2i 防伪码

S2i 防伪码是一种以数字密码学和典型的物理载体特征相结合，通过独特的编码方式把文字、照片等可数字化的信息和用于防伪验证的安全功能信息共同加密转换形成的二维安全图像。这是一种在数学和物理上根本不可能被复制的新一代安全认证技术，与 RFID 标签配合使用，可以起到双重防伪的效果。

（3）基因芯片扫码枪

每一个 RFID、S2i 扫码枪都内置基因芯片，在与系统进行通信时会对基因芯片特征值进行校验。特征值保存在溯源链上，安全加密难以篡改，从而可以保证每一瓶酒在生产、仓储、运输环节所产生的数据真实可靠。

（4）溯源联盟链

溯源联盟链是整套溯源方案的核心，为平台提供身份鉴权、隐私保护、多主体协同、可证可溯的技术基础。

（5）区块链溯源后台

供应链各参与角色通过管理后台对各流程节点进行管理。

（6）溯源 Dapp

消费者买到的酒可以通过读码设备来直接验证酒的真伪信息，而且可以获取这瓶酒从酒厂出来之后的流通信息。

方案优势

链度科技的方案具有明显的技术优势。

（1）链度科技为客户提供的每一个 RFID 电子标签、S2i 防伪码都有一个全球唯一的序列号，同时采用了先进的基因级加密技术，使标签信息不可被复制。另外，RFID 电子标签采用易碎材质，确保标签不可被转移。

（2）每瓶酒上贴 NFC 电子标签，便于 C 端获客；每箱上贴超高频 RFID 标签，读取距离远且支持批量读写，便于库存盘点，产品出入库用 RFID 扫描枪扫描酒的时候，读取距离长达 10m，双频解决方案更立体。

（3）溯源联盟链区块链凭借主体对等、公开透明、安全通信、难以篡改和多方共识等特性，将对红酒供应链环节产生重要的影响：多中心、弱中心化，降低中心化架构的高额运维成本；信息加密、安全通信有助于保护隐私；身份权限管理和多方共识有助于识别非法节点；依托链式的结构有助于构建可证可溯的电子证据存证；分布式架构和主体对等有助于打破物联网现存的多个信息孤岛桎梏，促进信息的横向流动和多方协作。

6.4.4 行业展望

商品溯源是区块链应用中最具场景性的实践之一，打造物联网区块链溯源综合解决方案将为各行业构建价值传递平台。通过平台的信任体系，用户可以对商品进行追根溯源，鉴定商品真伪，确保自身权益不受侵害。

溯源联盟链技术在业内成熟度较高，且落地应用场景较丰富。基于区块链技术采集的大数据，能够建立完整的产业链，使参与者和消费者互信，为生产、交易及物流赋能，从而构建商品从生产到销售过程数字化的可信生态系统。其中面临的问题、相应的解决方案和经验成果对我国全局区块链产业布局具有重要的参考价值。

6.5 融媒体内容安全+区块链

6.5.1 媒体融合行业发展现状

随着云计算、大数据等新一代信息技术的迅猛发展和广泛应用，广播电视媒体走向传统媒体和新兴媒体融合发展的道路，步入全媒体融合时代。媒体融合的本质是传统媒体的“互联网+”改造，将原有的封闭式制播体系改造为开放、互联、互动的交互式制播体系。

内容是融媒体的根本，内容安全是保障融媒体平台业务安全开展的重要前提。融媒体一方面保留了传统媒体的各类安全问题，另一方面由于新一代信息技术的引入，更复杂的新的安全威胁也随之而来。

针对当前媒体融合的现状，2018 年 8 月在北京召开的全国宣传思想工作会议提出了一个特别的新机构—— 县级融媒体中心。这个新名称首次在国家级会议上的亮相。2018 年 9 月，中宣部在浙江省湖州市长兴县召开县级融媒体中心建设现场推进会，要求 2020 年底基本实现在全国的全覆盖，2018 年先行启动 600 个县级融媒体中心的建设。

2019 年 4 月 9 日，中宣部新闻局和国家广播电视总局科技司联合发布《县级融媒体中心网络安全规范》（简称《规范》）。《规范》对县级融媒体中心的内容数据安全明确提出了以下建设要求：

（1）应对内容数据进行基于国密算法的数字签名、验签，具备内容防篡改功能；

（2）内容文件全生命周期中的签名变化可追溯；

（3）应对重要内容数据进行基于国密算法加密保护；

（4）应对内容数据存储过程进行访问控制，有效识别和防范已知、未知入侵破坏；

（5）应具备内容数据被非授权访问、操作时的告警通知功能。

《规范》对内容安全提出了高标准，这对县级融媒体技术平台的内容数据安全防护手段提出了很高的要求。由于内容数据在采、编、存、播、用等环节均有可能被非法入侵，内容数据安全防护手段必须能在内容文件全生命周期中保证数据的安全。各县级融媒体技术平台已在保障融合媒体内容数据的安全方面做了很多研究和努力。其中，国产密码、区块链等技术的应用效果尤为突出。

6.5.2 融媒体内容安全的痛点

融媒体平台是基于云架构的平台，相关数据和业务均存储在云中。然而，广播电视台和融媒体技术平台的内容文件在汇聚、生产、发布等环节均有可能被非法入侵，安全面临着以下风险情况。

（1）部署层面风险

融媒体平台从原有全台网有限边界演变为无边界网络状态，内容文件的存放也变成云平台集中式存储。而目前云服务供应商尚没有统一的安全解决方案来对内容数据本身进行安全防护。所以，将内容文件提交到自身无法掌控的云平台进行计算和存储，存在被复制盗取的风险。

（2）平台层面风险

随着融媒体技术平台被部署到云平台中，内容文件的汇聚、生产以及发布服务均部署于云服务器。但是，云服务器是公共资源，置于共享区域，内容数据被攻击的范围扩大。

（3）应用系统层面风险

随着融媒体各平台之间、内部应用与互联网应用之间的共享交互日益频繁，内容数据面临着诸如恶意攻击、网页挂马等威胁，存在应用系统中的内容数据被篡改、泄露、窃取的风险。

（4）操作系统漏洞风险

操作系统本身存在各种各样的问题和技术缺陷，提供商需要定期对已知的漏洞进行修复，但仍有未知的缺陷需要发现。如果入侵者首先发现这些缺陷，就可以通过这些操作系统漏洞直接面对内容文件，进行各种非法操作。

（5）数据层面风险

融媒体平台中内容文件存储资源池跨多个等保区域，被多用户共享，内容泄露和病毒感染的风险增加。同时，大量内容数据共享易造成非授权用户访问，不同业务用户存在恶意访问、身份假冒或滥用的风险。

（6）管理层面风险

平台系统管理员具备超常的权限，可在非正常授权的情况下，利用自身具备的权限直接对媒体资源进行覆盖、编辑、拷贝和删除等非法操作，从而导致媒体资源内容被篡改、外泄和破坏。

6.5.3 区块链解决方案

系统架构设计

融媒体技术平台既要有效整合各种资源，又要保证应用系统、网络、平台、数据中心边界等方面的安全性。解决方案则是以专用密码设备为基础，以区块链、国产密码算法等技术为手段，针对融媒体平台各类资源数据提供安全防护。其基本逻辑如下。

（1）庞大的内容数据被存放在公有云上，而对公有云上的数据进行任何操作均需要确认操作者的身份。

（2）国产密码算法被用于生成重要安全信息，如身份指纹、数字签名信息等。

（3）这些重要信息将被存储在区块链上，以保证其可信度及不被篡改。

（4）当操作者请求操作云上数据时，内容库向区块链验证电子签名，以确认操作者的身份信息和使用权限，保证信息安全。

融媒体技术平台内容数据安全防护流程如图 6-10 所示。

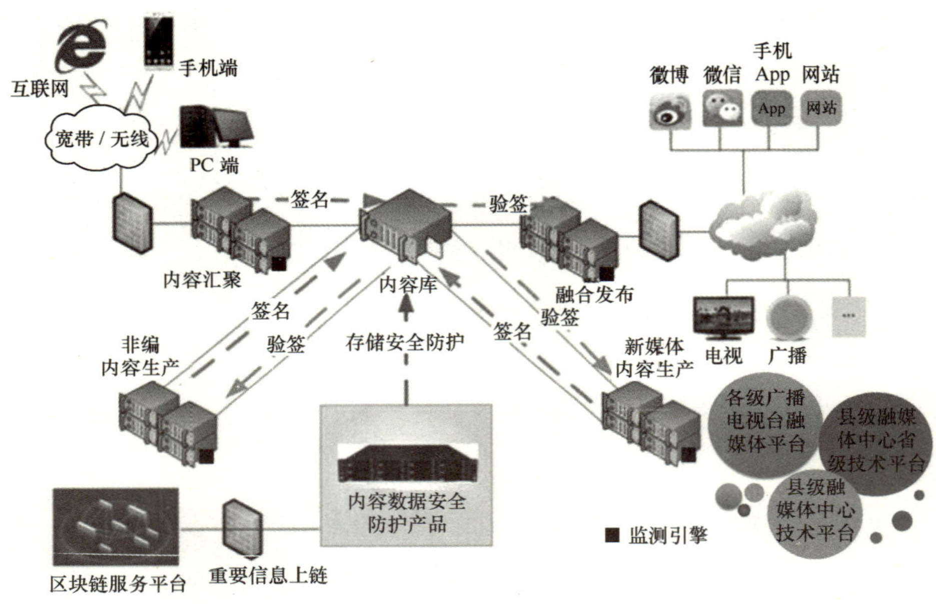

图 6-10　融媒体技术平台内容数据安全防护流程

融媒体内容文件数据安全防护会产生大量的重要验证信息，一旦防护策略被获悉，非法入侵者就可以对这些重要验证信息进行篡改和破坏，从而导致防护策略失效。区块链技术具有去中心化和难以篡改的特性，可以提前将融媒体内容数据信息直接存放在链上，对重要数据提供不可篡改、不可删除的保护，减少了重要验证信息因网络传输而被截取、植入、篡改的风险，因而是对传统模式的创新。当需要融媒体内容时可以直接从链上查询获取，这样不仅保证了信息的可靠性，也强化了内容文件数据的安全性。

平台应用场景

（1）县级融媒体中心内容协作及共享解决方案

县级融媒体中心省级技术平台支撑省域内多个融媒体中心的宣传管理、内容监管、通联协作和内容交换业务。平台将负责大量的内容汇聚、生产、存储、交换、发布等工作，操作过程中将身份指纹、签名信息上传至区块链存证，利用区块链进行内容校验、查询比对，从而减少重要验证信息的网络传输，规避传输泄密风险。县级融媒体中心内容协作及共享内容数据安全防护流程如图 6-11 所示。

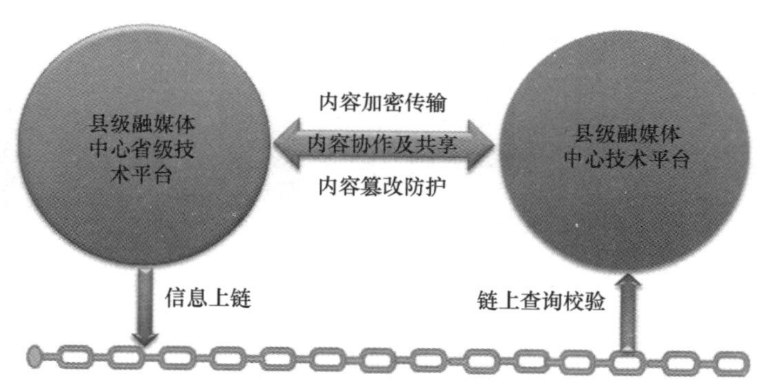

图 6-11　县级融媒体中心内容协作及共享内容数据安全防护流程

（2）终端发布内容数据安全防护应用解决方案

融媒体扩展了更多的互联网发布渠道，如“两微一端”、户外大屏、电子阅报栏、楼宇电视等终端。这些终端发布的内容数据同样需要进行安全防护，以确保展示给用户的内容都是合规、一致的。融媒体发布终端需要具备内容数据安全防护模块，利用区块链技术和国产密码对终端发布内容数据进行合规性、一致性验证。在发布终端播放媒体文件内容时，调用校验模块到区块链上校验媒体资源文件内容的可信性和完整性，保障终端不发布被篡改或来源不明的内容，规避不合规的内容发布和扩散。终端发布内容数据安全防护示意如图 6-12 所示。

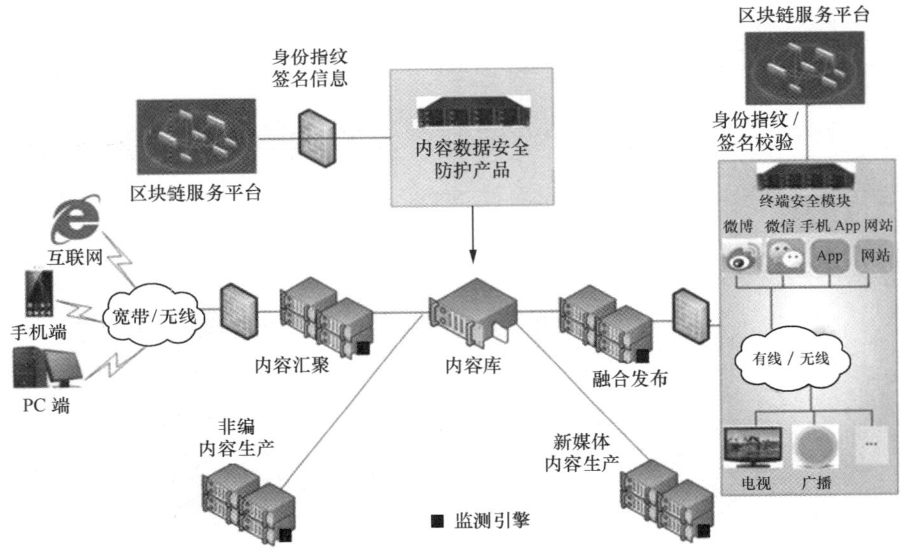

图 6-12　终端发布内容数据安全防护示意图

6.5.4　行业展望

针对全国县级融媒体中心建设，中宣部和国家广播电视总局先后发布了《县级融媒体中心建设规范》《县级融媒体中心省级技术平台规范要求》《县级融媒体中心网络安全规范》《县级融媒体中心运行维护规范》《县级融媒体中心监测监管规范》共 5 项县级融媒体中心建设标准，为指导中心建设提供了关键性、基础性的政策支撑。在县级融媒体中心的建设和应用中，内容数据是根本，内容数据安全是中心建设的重要组成部分，数字化、平台化、规范化、密码化是趋势。

本案例中，融媒体内容数据安全防护利用了区块链上数据可信、难以篡改的特点，提取融媒体平台中媒资内容指纹特征登记到区块链中，保证了媒资内容在各业务环节流转过程中是可信的、没有被篡改的，为融媒体内容数据安全提供了新的防护技术手段，有利于加快在全国县级融媒体中心建设中推广应用。

随着区块链技术的不断成熟，其在融媒体数据安全场景中的应用将会不断深入。积极推进区块链与媒体融合发展，不仅有利于拓展区块链技术的应用领域和发展前景，也将助力我国推进各级媒体中心协同作业，推动我国媒体融合数字化、规范化发展。

6.6 智慧监理+区块链

6.6.1 工程监理行业发展现状

工程监理是一个新兴行业，从 1988 年开始的试点阶段到 1996 年以来的全面推行，仅有三十多年的历史。随着“一法两条例”（《中华人民共和国建筑法》和《建设工程质量管理条例》《建设工程安全生产管理条例》）的颁布，工程监理的地位在法律上得到了确定。

自工程监理行业问世至今，对工程监理行业的定位、职责、任务的讨论不断。在新时代“放管服”的大背景下，工程监理行业是强制还是自主，是委托服务还是独立第三方，是施工监理还是全方位监理，安全责任如何界定，监理行业如何发展，这些一直是大家关注的议题。

截至 2017 年，工程监理企业有 7945 家，从业人员有 107 万人，承揽合同额达到 3962 亿元，全年营业收入达到 3281 亿元。工程监理行业的企业数量有很多，但单个企业的规模过小。现在 1000 人以上的监理企业，全国仅有 44 家。企业规模太小对企业的经营甚至行业的发展产生了直接影响。监理企业要立足于扩大规模，提高企业发展的前瞻性，不能满足于现状。

由于监理企业市场占有离散度比较大，众多小企业的生存是很艰难的，在艰难的情况下就容易做出许多不合规的事情。从全行业来说，我国产业集中度不够，西部地区差别更大，排名前 30% 的企业占有 70% 的市场份额，小企业间竞争惨烈，服务质量不高，这都是我们要解决的问题。

6.6.2 工程监理行业面临的问题

工程监理行业面临的问题主要有以下六个方面。

（1）监理市场存在挂靠等极不规范的行为。

在监理业务的承揽方式上，存在转包监理业务、挂靠监理单位的现象，也存在业主搞同体（或连体）监理的现象，致使监理的作用在相当多的项目上无法充分发挥。这个问题直接制约了监理事业的发展。

（2）监理的收费偏低，普遍采取低价中标的方式确定监理单位。

监理的收费制度很少按照国家标准进行，一直低于正常的收费标准。偏低的费用加上监理企业多采取不正当的竞争，极大地限制了监理公司的健康发展，也阻碍了监理事业的发展。

（3）监理的安全压力日益沉重，意想不到的风险时有发生。

近年来，监理已经成为工程行业中风险最高的群体之一，同行员工及企业因为工程事故被判决有罪或被罚事件屡见不鲜。2004 年 2 月 1 日实施的《建设工程安全生产管理条例》中，第 14 条规定了监理的安全生产责任。

（4）工程责任溯源难，安全责任追踪落实难。

国家规定工程监管实行质量终身责任制，一旦项目出现质量问题，轻则可能被吊销执业资格证书、罚款上百万元，重则可能面临牢狱之灾。但是，工程质量问题涉及建设、勘察、设计、施工、监理单位多方责任，责任追溯难，很难清晰地落实到个人。

（5）对监理的地位认识存在较大的偏差，影响监理工作的实施及效果。

发包方认为，监理机构是自己的合作方，代表自己行使建设管理权，监理必须为自己的利益服务，按自己的要求办事。承包人则认为，一方面监理是发包人利益的代表，为发包人服务和说话，因而不把监理当作独立的第三方看待；另一方面监理说话不管事，都是发包人说了算，因而不尊重监理，对监理意见不理不睬。质量监督机构认为，监理代替了自己的职能，工程质量问题由监理负责，出了质量问题是监理的事，因而忽视了对工程质量的监管。

各方的认识不同导致了工程建设各方在关系的协调上不顺畅，以及监理的决定不能实施，监理人员的意见不能落实，监理效果不够理想，工程质量监督出现漏洞。当工程出现质量问题时，容易出现互相推诿扯皮的现象。

（6）监理队伍本身素质不高，影响监理的工作水平和形象。

监理行业要求的是懂技术、懂管理、懂法规等多方面知识的高智能人才。但是，由于不正当竞争及互相压价等影响，监理从业人员的工资待遇普遍低于同行业的施工、设计等人员。同时，监理人员普遍缺乏必要的职业道德，行业里存在向施工单位要好处、与施工方狼狈为奸、缺乏责任心等不良行为或风气，影响了整个监理行业的形象。

6.6.3 区块链解决方案

广东穗芳智慧建设科技有限公司结合区块链、物联网、大数据分析挖掘、人工智能的新型技术，提出了新一代智慧监理解决方案。方案在符合国家和行业一系列监管法律法规的基础上，针对行业痛点，利用最新的科学技术，优化监理流程，提升行业效率，串接产业资源，构建起健康发展的产业生态。

智慧监理平台架构分为四个业务层级，如图 6-13 所示。

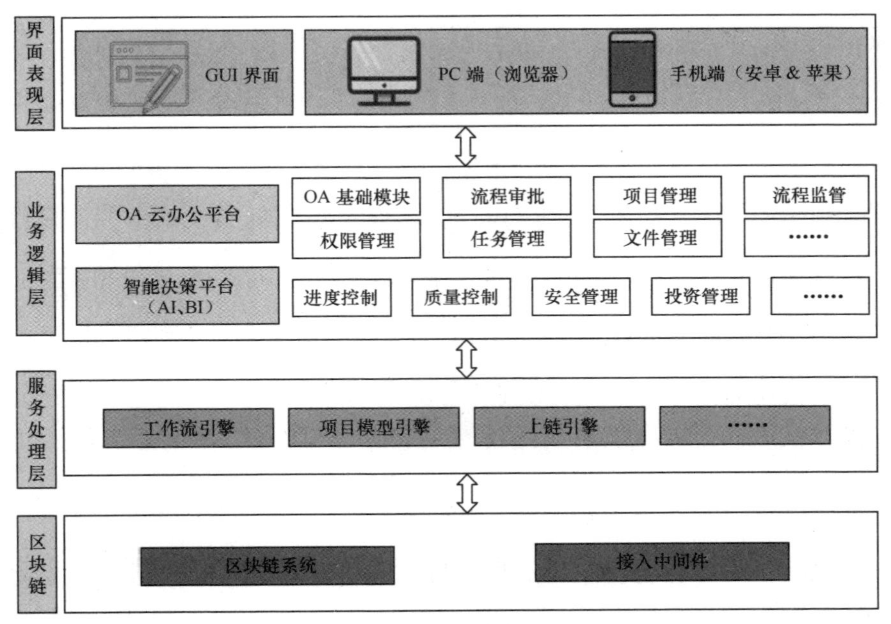

图 6-13　智慧监理平台架构

（1）界面表现层是平台的交互前端，能够和平台的使用者实现便捷、流畅的信息交互，让系统真正地嵌入监理业务。

（2）业务逻辑层是平台的核心功能组成，主要的平台业务功能都是在这一层实现的。它包括两个大的部分。

① OA 办公平台：包括各种流程审批、项目管理、文件管理、流程监管、权限管理、任务管理模块。

② 智能决策（AI、BI）平台：通过从进度控制、质量控制、安全控制和投资管理等角度，做深度的数据挖掘、商业价值分析、风险点管控，实现各项自动化的工作报表和预警报告。

（3）服务处理层是平台的后台支撑系统，通过后台工作流引擎、项目模型引擎、上链引擎等多个专门的业务引擎，服务智慧监理系统的业务逻辑。

（4）区块链作为平台整体服务的底层架构，包括区块链系统、桥接区块链系统和业务系统的接入中间件。其中，区块链系统提供了高性能的区块链底层链体系，全面支撑基于区块链的各种业务运行；接入中间件实现了区块链底层系统和智慧监理业务系统的桥接，支撑了高性能的区块链访问，让区块链的优势特性可以便捷地服务智慧监理业务。

智慧监理平台的作用包括以下几个方面。

（1）针对企业内部目前因流程管理有大量的纸质操作，流程审批成本高、效率低，重要文件资料可能会缺失、易损坏、归档编制烦琐、查阅困难等问题，智慧监理平台应用最新信息化技术手段，在工程文件的管理和使用过程中实现电子化、流程化、规范化管理，从而方便查找，易于保存，提高日常工作效率。同时，区块链数据难以篡改的特性让数据能永久保存、真实可信。

（2）针对监理现场信息反馈缺失或延迟，进而给业务造成影响的问题，智慧监理平台实现了相当程度的流程化、电子化管理，可以实现重大关键信息的提醒、报警和追踪，实现平台化的信息协同。

（3）针对监理员等现场工作人员的工作情况难以把握、缺乏全面的人事流管理工具和能力等问题，智慧监理平台可以有效地实现事物流、人事流、财务流的多流合一，极大地提升管理效率，降低管理成本，实现业务模式的全面升级。

6.6.4 行业展望

未来，工程监理行业仍然有巨大的发展空间。为了全行业的健康发展，做好以下几个方面工作至关重要。

（1）进一步明确监理职责和定位。《中共中央国务院关于进一步加强城市规划建设管理工作的若干意见》等中央文件都强调了工程监理的重要性，体现了中央对监理行业的重视。工程监理是工程质量安全的重要保障。顾名思义，“监理”一词的含义，一是监督，二是管理。监督是政府监管职能的延伸，体现的是社会责任、法律责任和政府关注。管理是受业主委托提供服务，无论是分阶段的服务，还是全过程的服务，都要体现价值。目前，全国质监、安监人员很少，只有5万多人，而全国的监理人员已超过100万人。监理行业要和政府紧密联系，为业主提供高效服务。今后，工程监理要靠这“两条腿”走路，两者并重，不可偏废。

（2）推进行业转型升级，发展全过程工程咨询。监理企业转型升级是科学发展的方向，要重视国家发展和改革委员会、住房和城乡建设部联合印发的《关于推进全过程工程咨询服务发展的指导意见》，认真领会，提高自身的本领，脚踏实地地推进转型升级。全过程工程咨询能力要是全方面的，战略要是全方面的。监理企业开展全过程工程咨询主要是要往上游延伸，要想成功，就要付出更多的努力。

（3）加强科技创新。监理企业要加强技术创新能力和管理创新能力，提升创新增值服务，延伸核心竞争力。

（4）提高 BIM（Building Information Modelling，建筑信息建模）等信息化技术应用水平。要从监理生存发展的战略定位来看 BIM 技术，只有发挥自身优势、全面掌握工程全过程信息，才有利于掌控全局。

（5）探索监理文化建设。探索监理行业的文化，要发掘监理的文化定位，努力提高监理的社会地位，让社会对监理行业有更深刻的认识，树立起监理行业品牌，提升社会影响力。

（6）加快推进行业诚信体系建设。着力打造行业诚信体系，加快市场主体信用信息平台建设，完善市场主体信用信息记录，建立信用信息共享机制，积极推动地方、行业信息系统建设及互联互通，构建市场主体信息公示系统，实行信息公开。探索制定工程监理企业、监理人员信用管理办法，推进工程监理行业诚信体系建设，提高工程监理行业的社会公信力。

（7）培养人才，打造学习型组织。监理是智力服务型行业，要引进培养人才，向人才要效益，在实践中不断提升企业管理水平和能力。同时，借鉴国外先进的管理理念，并与企业自身发展理念相结合，推动企业的可持续发展。

（8）鼓励监理企业拓展政府购买服务。监理工作的实质是监督管理，监理企业的优势也在于此。监理企业应积极拓展监理业务范围，代表政府监管部门履行现场监督检查等职责。

（9）完善法律法规。从转变政府职能、简化行政审批、发挥市场在资源配置中的决定性作用等方面进一步完善法律法规。

（10）下大力气加强标准化建设。加强标准化建设，进一步明确监理工作职责和任务。科学考核评价监理工作质量，合理界定监理责任。总之，通过标准化建设来规范行为、改进工作，促进监理行业的持续健康发展，为建筑业的高质量发展保驾护航。

6.7 葡萄酒溯源+区块链

6.7.1 葡萄酒行业发展现状

最近20年，随着生活水平的提高和饮食文化的多元化发展，果酒特别是葡萄酒在我国呈现爆发式的增长。但由于缺少历史文化沉淀和饮用习惯不同，我国懂葡萄酒的消费者并不多，导致葡萄酒在我国的价格虚高，为制作贩卖假酒留下了巨大的空间。据非正式统计，在我国销售的进口烈性酒中，假酒占比居高不下，一些知名酒庄更成为售假的重灾区。这不仅是我国的问题，也是一个世界性的问题。即使红酒文化盛行的法国、意大利等也深受假酒的困扰。如何利用专业技术手段追溯酒的出处，辨别酒的真伪，保护消费者的权益，整个世界对此都有非常迫切的需要。

价值越高，就越需要防伪技术的保护，酒类的溯源需求一直存在。以前，更多是利用红酒从业者的专业知识，通过酒瓶、标签、瓶盖、酒体的气味和颜色等来辨别酒的真假。但是，这对专业性要求极高，很难大规模复制，不具备实际操作性。随着材料学、信息技术、密码学、物联网的发展，出现了有鲜明时代特色的防伪溯源技术应用，如里奥哈金丝网、气泡密封章、特制印刷包装材料、刮刮卡、电话防伪及二维码等，以及近年出现的NFC、区块链防伪溯源应用。

6.7.2 酒类防伪的行业技术痛点

防伪技术在葡萄酒行业的应用已经有上百年历史，现在行业中已经有大量企业自建和第三方防伪溯源平台在运行，但仍然还有很多问题亟待解决。

（1）没有做到全生命周期溯源。目前的溯源体系缺失物流流通环节的追踪，中间留下了巨大的空白，使溯源的可信度大打折扣。

（2）成本的压力。自建网站、部署各种软硬件设备、数据采集、数据库上线及后期运作维护，这都需要不小的成本。对于广大中小型酒庄来讲，降低成本成为一个非常现实的问题。

（3）技术水平的限制。因为成本承受力的差异，葡萄酒的防伪溯源技术五花八门，各项防伪溯源技术的优缺点都很明显。然而，直到目前为止，还没有出现一项技术上能解决大多数痛点、经济上可以承受、使用上方便可行的溯源体系出现。

（4）对消费者的专业要求高，使用不方便。很多防伪溯源技术都是基于特殊纸张、墨水、字体制作的酒标，要让众多消费者通过一些细微的差异来辨别酒的真伪，从而对消费者造成了很大的挑战。还有一些防伪技术需要使用特殊的光学或电子仪器，更是直接把消费者当成了各种技术专家。

（5）溯源平台的普及和公信力。一些知名酒庄或者第三方机构已经将溯源结果上线，提供了相关的平台服务。各酒庄使用完全不同的技术路线和环境，消费者需要快速理解和切换，这在现实应用的场景中基本不可能。而第三方平台提供的信息由于数据结构中心化的特点，其真实性也会受到质疑。

6.7.3 区块链解决方案

防伪溯源方案架构

防伪溯源是一个系统工程，真正能够达到防伪目的的溯源需具备以下几个基本特征：

（1）难以复制、仿制；

（2）难以回收利用；

（3）消费者容易识别，使用起来方便、友好；

（4）购物前就能验证真伪；

（5）全生命周期；

（6）商家承担的成本低，便于推广。

公开、透明的信息有助于消费者最大限度地相信并接受溯源结果的真实性，而物联网和区块链技术的结合是达成这个目标的最好工具。基于区块链和物联网技术的最新发展，目前已初步形成了溯源解决方案，如图 6-14 所示。

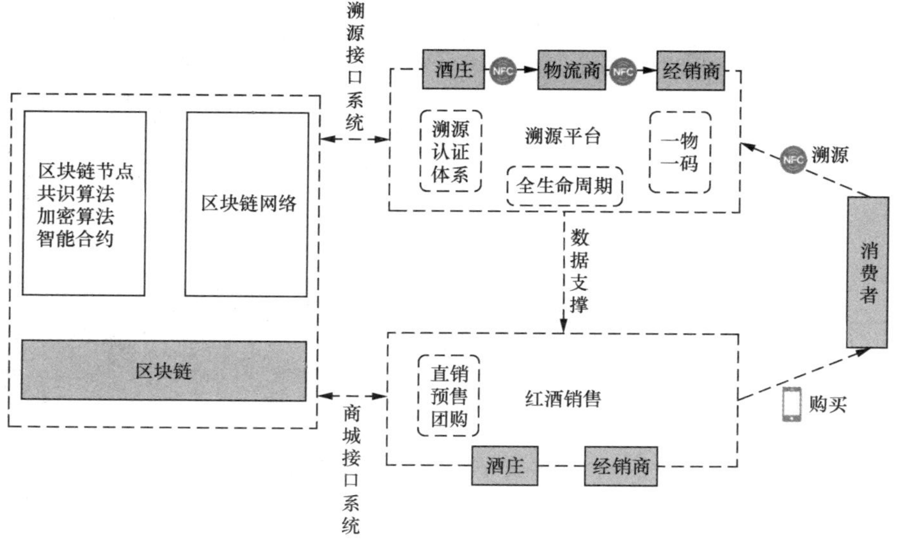

图 6-14　基于物联网 + 区块链技术的防伪溯源平台概念模型

首先，通过物联网技术将酒品数字化。利用 RFID、NFC 电子芯片等物联网技术将酒与网络世界做有机关联，实现一物一码在区块链上注册，防伪度极高。电子标签唯一的 TID 码对应区块链中的通证体系，红酒的确权得到有力的现实支撑。而区块链的通证体系为构建防伪溯源平台提供了价值分享体系。

其次，利用区块链去中心化、难以篡改的特性对所有信息进行加密处理；用区块链技术难以篡改、数据存真、加密保护的安全记录特性解决防伪溯源问题。将酒品在流转过程中的溯源信息进行采集并记录在区块链上，实现酒品从生产到终端的全生命周期区块链存证，如图 6-15 所示。

最后，区块链通过网络算法实现了网络参与者的可信交易。换句话说，区块链网络参与者在区块链网络中达成了互信，同时区块链网络对所有参与者都是可信的。因此，基于区块链网络的防伪溯源平台具备天然的公信力。

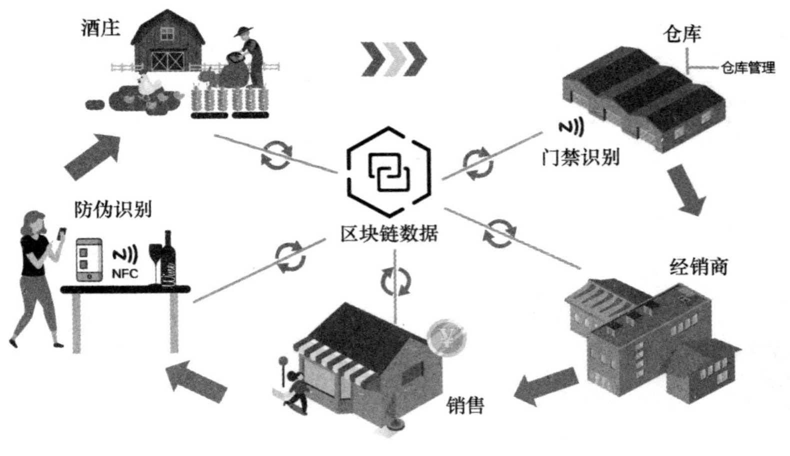

图 6-15　酒品全生命周期防伪溯源概念模型

防伪溯源实施流程

爵·酒链致力于建设一个使用友好、可信的酒类溯源平台。平台化的推广可以建立一个统一的溯源标准及流程，而且可以帮助用户最大限度地减少相关的成本。对于终端消费者来讲，使用也较为方便。

从 2018 年初开始，爵·酒链已经进行了多轮溯源模型的测试，在不断完善后于 2019 年 3 月正式投入商用。爵·酒链溯源平台的功能架构如图 6-16 所示。

（1）酒庄在装瓶时为每个酒瓶贴上 NFC 电子标签，并生成唯一的 ID 编码且同步发布上链。最初始的赋码工作必须由酒庄在源头开始。

（2）将酒庄到经销商的运输环节细分成物流节点，在各节点上部署电子标签读写设备采集信息；将各碎片化的物流信息作有机关联。

（3）所有节点读取信息同步上链发布，通过连接各节点读取的时间戳

信息，完整、详细地描绘酒生命周期的物流轨迹。

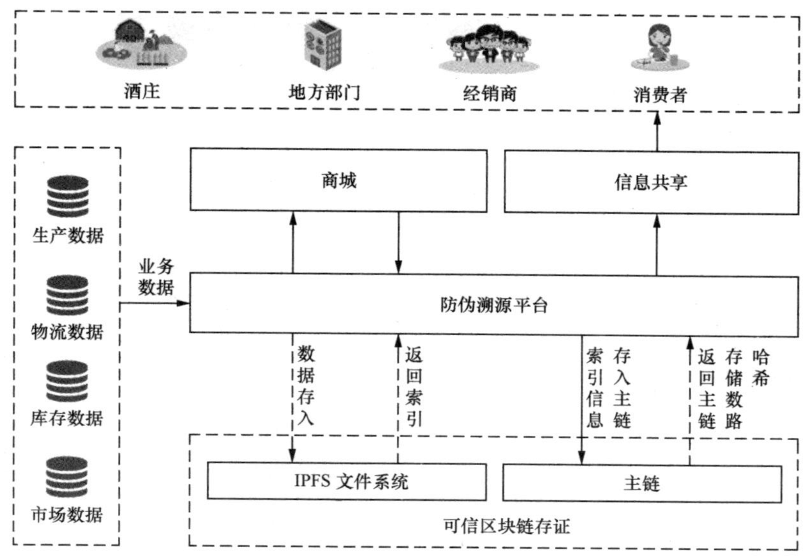

图 6-16　基于物联网 + 区块链技术的爵·酒链溯源平台架构

（4）消费者打开酒瓶时，电子标签即毁，酒的生命周期即结束。

（5）用区块链分布式存储、共识机制、加密算法等技术处理所有信息，防止人为修改、涂抹，保证信息的真实性。

（6）消费者利用智能手机感应酒瓶上的标签，读取酒的上链信息，包括酒庄发布的红酒介绍和各物流节点读取的时间戳信息，得到一个完整的报告，从而最大程度地增加可信度。

爵·酒链溯源平台的关键信息节点如图 6-17 所示。

爵·酒链的目标是利用区块链 + 物联网技术，开发和完善溯源技术，在实践中与产业供应链深度结合，完整呈现酒类商品在物流销售环节的生命周期，从根本上建立流通环节中的信任。手机溯源报告解析如图 6-18 所示。

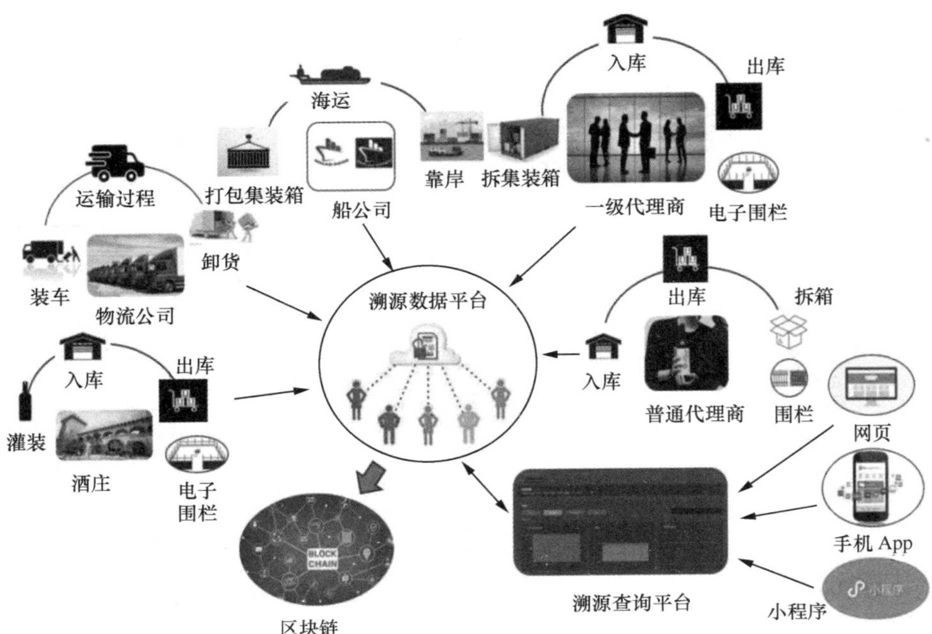

图 6-17　爵·酒链溯源平台的关键信息节点

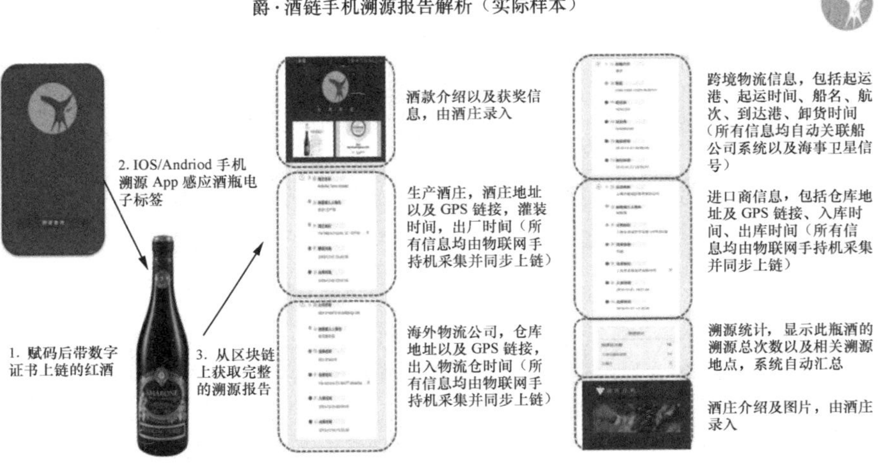

图 6-18　手机溯源报告解析

6.7.4 行业展望

葡萄酒是一个非常传统的产业，绝大部分酒庄都是家族生意，规模偏小，加上信任的困扰，使销售距离普遍较短。而区块链溯源在葡萄酒行业的应用会从根本上解决信任问题，极大地扩大信任的空间距离，降低信任的成本，重新建构全球葡萄酒的销售流通体系甚至整个生态。

区块链在葡萄酒行业中最大的应用将是形成一个建立在区块链溯源体系的去中心化销售的社区生态。由于通证体系的加持，传统意义上层级代理的销售方式将弱化，酒庄、消费者、酒类投资人之间直接交易成为可能，从而将极大地带动葡萄酒消费增量市场的出现。

区块链去中心化的技术特性结合通证系统，能紧贴实体产业，深度发掘和运营酒类产品的资产价值，帮助客户利用智能合约进行交易。基于区块链技术采集的大数据，能够建立完整的酒类业者和消费者画像，赋能生产、交易、物流、投资、文化等经营活动，建设充满活力的酒业社区闭环生态。未来基于区块链的葡萄酒社区模型如图 6–19 所示。

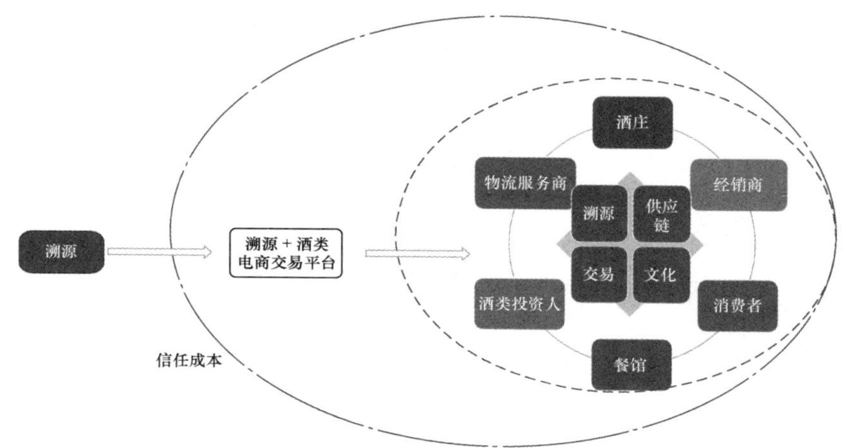

图 6–19　未来基于区块链的葡萄酒社区模型

6.8 数字出版+区块链

6.8.1 数字出版行业发展现状

国家版权局网络版权产业研究基地发布的《中国网络版权产业发展报告》指出：2018年中国网络版权产业规模达7423亿元，同比增长16.6%；市场空间增长约1059亿元。网络新闻媒体、网络游戏、网络视频是网络版权产业的主要构成部分，合计贡献了85%的份额。新业态盈利模式逐步成型，直播、动漫、短视频等业态占比显著提高，产业结构更加多元化。2016—2018年，我国网络版权产业整体用户付费规模持续增长，从2229亿元增长到3686亿元，增长65%。从用户付费规模结构看，2016年网络游戏占比较大，但2018年该比例显著降低。用户付费消费的内容更加多样化，网络视听类内容的占比迅速扩大。

随着数字出版行业的蓬勃发展，知识产权侵权问题也越来越严重。在2018年的“剑网2018”专项行动期间，各级版权执法监管部门删除侵权盗版链接185万条，收缴侵权盗版制品123万件，查处网络侵权盗版案件544件，其中查办刑事案件74件，涉案金额达1.5亿元。

目前，公安机关查处的知识产权侵权案件主要是在知识产权侵权中属于性质恶劣并给知识产权权益人造成重大损失的部分案件。知识产权确权成本高、确权周期长、权益人维权难、维权流程复杂，导致大量的知识产权侵权案件并未获得有效的处理，使很多知识产权的权益人放弃了自身的合法权益，变相地纵容了侵权现象的发生。

6.8.2 数字出版行业的痛点

目前，数字出版行业已经进入蓬勃发展阶段，越来越多的数字出版内容以多种形式出现在消费者面前。总体来讲，数字出版行业的发展有以下五个特点：

（1）主动承担社会责任，反映现实生活，弘扬传统文化；

（2）用户的版权意识显著提高，付费意愿增强；

（3）版权产业跨界融合，产业生态不断创新；

（4）创作形式持续创新，技术推动产业发展；

（5）海外布局力度加大，原创文化全球认可。

数字出版行业在快速发展的同时，仍然存在很多痛点。

（1）知识产权侵权问题

如上所述，知识产权侵权现象仍然非常普遍，维权过程周期长且复杂。维权消耗的时间、精力成本往往超过了维权所得。

（2）数字内容分发成本问题

随着技术的发展，数字出版物的容量呈几何级数的增长。尤其是 VR、4K 等 UHD 内容动辄以 GB 计算，随之而来的便是海量数据分发所导致的高昂的分发成本。如果以 1GB 分发成本 1 角钱、人均日消耗视频内容 2GB 计算，6 亿用户一天的视频内容分发成本就是 1.2 亿元人民币，一个月就是 36 亿元人民币。

（3）违法有害信息监管问题

虽然大量出版物经过了备案和审批，但是还有为数众多的数字出版物在目前阶段缺乏有效监管。例如短视频，因其制作周期短、更新快，原有的监管机制并不适用于当前快速发展的数字出版物行业。

（4）结算周期长、结算扣量

目前以平台为主的数字内容分发模式，往往数字内容的付费和分发数据都是存在自有的数据库中，本身并不透明且存在被篡改的风险，从而使平台参与方的结算缺乏可信的依据和手段。

6.8.3 区块链解决方案

针对目前数字出版行业存在的痛点，区块链解决方案的思路可归纳为以下四点。

（1）依托区块链难以篡改的特性，实现数字出版物的确权信息，从而可通过智能合约进行快速、可信的确权作业。

（2）在确权信息记录上链的同时，通过人工智能的方式进行审核，确保发布的数字内容得到有效监管。

（3）应用智能合约实现可信的即时清结算、数据统计。

（4）通过分布式存储技术将大量用户富余、闲置的存储和流量利用起来，进而大幅降低数字内容分发成本。

在实际的系统建设和操作层面应解决的核心问题如下。

（1）区块链和分布式存储中的数据是无法删除的，而一旦出现包含违法有害信息的内容需要具有监管能力。同时，一旦出现知识产权侵权问题，也需要及时的维权和内容管理。

（2）如何提供有效的激励机制来鼓励用户主动地把富余的存储资源和

带宽资源共享出来。

“区块链 + 数字出版物”的解决方案

上海视天科技区块链生态是基于分布式存储节点边缘网络、区块链网络、数字出版物版权确权管理、内容识别过滤、数字内容管理所构建的一整套生态平台型应用技术。当遇到需要将存储在区块链和分布式存储网络中的数据“删除”的要求时，视天区块链则通过基于两条区块链整合在一起的“以链治链”的架构来完成，如图 6-20 所示。

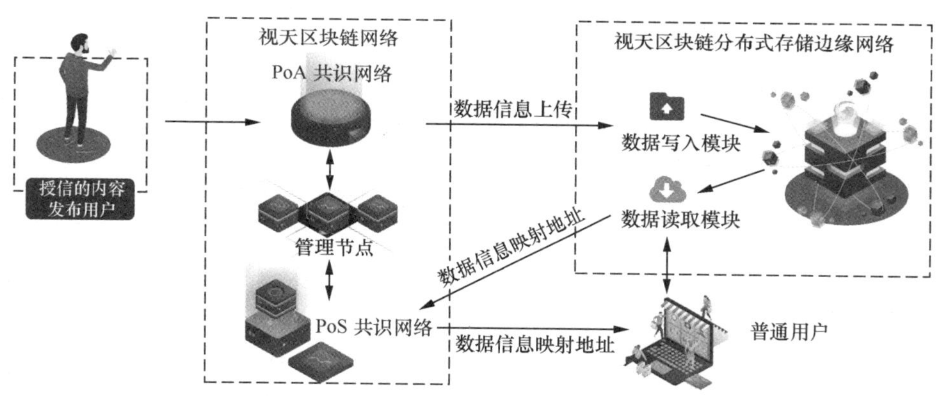

图 6-20　视天“区块链 + 数字出版物”的解决方案

所有原始数据和分布式存储的真实地址信息都存于管理区块链网络，而应用区块链网络获得的则是经过转码和映射的数据，以此实现了区块链上数据监管的需求。视天科技区块链拥有五层子协议栈，如图 6-21 所示。

最底层是角色层，每一个参与视天科技区块链的节点都需要通过角色层来定义各个节点的角色。例如，角色有创世、共识、管理、监督、存储、制版、验证和应用，以及用何种方式参与到视天科技区块链。角色层之上便是第二层路由层，路由层通过节点角色和网络信息将数据流路由至不同的节点上。不同角色的数据流经过不同路由便会进入第三层共识层。经过不同共识层处理的数据则被第四层对象层转换为视天科技区块链生态中不同的对象。最终，对象会被第五层应用层的不同的处理模块进行处理，达到最终使用的目的。

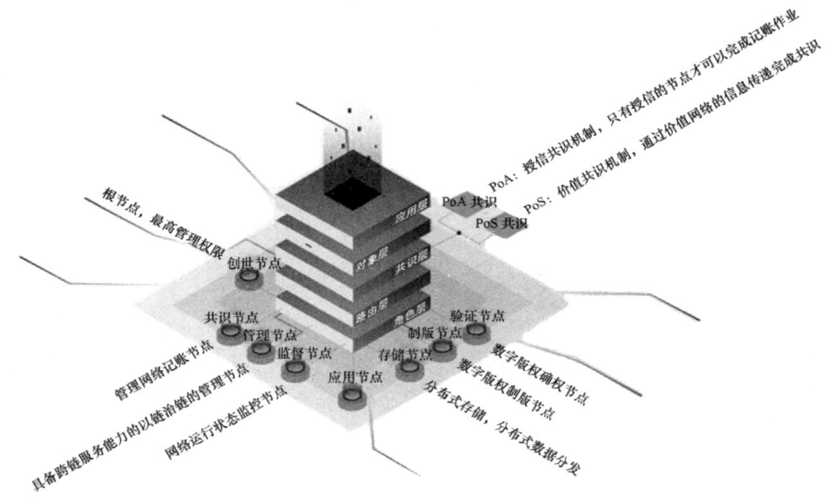

图 6-21　视天区块链五层协议栈

（1）角色层

角色是视天区块链节点最基础的定义，其定义了每一个节点的职能。只有通过了角色层定义的节点数据，才可以进入下一层进行进一步的处理。

创世节点是视天科技区块链最基础的节点，是所有节点中权限最高的节点。创世节点定义了其他不同的节点、节点地址、节点角色，并可以对视天科技区块链中的所有节点进行管理。其他角色的节点均需要通过创世节点的授权才能完成创世节点给自己定义工作职能。创世节点只有视天科技内部人员才可以进行操作，视天科技严格遵守《区块链服务信息网络安全义务要求》和《上海视天科技网络安全管理制度》来管理维护创世节点。

共识节点主要完成视天科技区块链的应用层共识记账工作。共识节点间的共识机制为工作量证明机制（PoW）。在上海视天科技区块链体系中工作量证明并不是传统的算力工作量证明，而是分享分布式存储容量和网络带宽的工作量证明机制。在视天科技区块链体系中每一个用户都可以为附近的其他用户提供数据分发服务，而根据分享存储和带宽工作量的多寡给予记账的权限。根据工作量的多寡会给予不同程度的积分激励，积分可用于视天科技区块链生态内部消费，从而降低用户购买数字出版物的成本。

管理节点间采用了授信共识机制（PoA），主要应用于管理节点间的共识，即被授权的节点就具备记账能力，授信共识机制的采用则可以大幅提高共识效率并提升安全性，未被授权的节点无法参与共识。视天科技区块链的管理节点首先需要通过认证审核并经过创世节点的授权，才能参与到视天科技区块链的生态之中，所有应用节点生成的账户申请、合约发布、数据存储请求等都会首先进入管理节点区块网络。账户申请需要经过节点的实名确认，合约发布需要经过监督节点审计，存储请求的数据块经过管理节点提供的AI和人工审核接口认证，管理节点确认无违法有害信息后可放行至视天科技区块链生态。当发生违法有害信息漏过审查时，管理节点也可以将违法有害信息的分布式存储边缘网络地址映射失效，达到应用层无法获取的目的。

监督节点是一个全节点的监控节点，视天科技区块链在物理层面都是运行在具有计算能力的设备上，所有在视天科技区块链的节点都需要内置运行监控服务，监控服务直接连接监控节点，无法收到监控信息（或存在不良记录）的节点将不会被路由，即无法参与区块链的共识。监督节点所监控的信息包括但不限于网络和设备监控、流量分析、防火墙日志分析、节点日志分析等。同时，监督节点会执行定期任务，如将日志加密上传至分布式存储、定期巡视各个节点、校验数据块、扫描生态中不良内容和恶意数据，根据任务执行结果报告管理节点等待下一步处理。最后，监督节点也可以完成管理节点发出的合约安全审核、非应用节点运行状态预警通知的作业。

存储节点为功能节点，不参与区块链共识。存储节点的作用主要有两种：第一，为数字知识产权管理制版完成后的数字出版物提供上传至分布式存储边缘网络的服务；第二，为部分上下行带宽不对等的区域提供边缘节点加速服务。存储节点本身不接受除管理节点之外的节点控制命令，即只有通过管理节点确认放行的数字出版物才会上传至分布式存储边缘网络。

制版节点为功能节点，不参与区块链共识。制版节点的主要作用是为数字出版物添加唯一的数字指纹并编码、加密、切片，使原始的数字出版物母版成为视天区块链生态系统指定的数字出版物。数字出版物制版使用 2 的 128 次方复杂度级别的加密。

验证节点为功能节点，不参与区块链共识。验证节点是在最终用户播放视天科技区块链上的数字出版物时，为用户提供实时数字知识产权验证服务。当用户产生播放请求时，验证节点会根据智能合约中用户的确权信息来确认是否满足播放条件，一旦满足便释放解密秘钥。

最终用户使用的应用节点即代表每个终端上所安装的播放器。应用节点不参与共识，但会将需要共识的数据传送至共识节点进行共识。需要共识的信息主要分为两部分：第一是用户对应的数字出版物消费情况（数字出版物数字指纹对应哈希散列，以及数字出版物的播放时长、播放节点统计、消费支出、用户基本信息）；第二是用户贡献存储和带宽的工作量信息。

（2）路由层

路由层的主要作用就是将各个节点网络请求路由至各个不同的目标节点。路由层是整个视天区块链的核心层，只有经过路由层的引导才可以将节点间的通信数据引至正确的目标上。

（3）共识层

经过路由层引导出来的数据请求信息，节点会在共识层的协议下进行对应的共识。例如，管理节点间采用 PoA 的共识机制，而共识节点则采用 PoW 的共识机制。不同的共识机制间不互通，这也是区块链实现可管、可控的核心，即在应用上用户得到了基本的价值交换的信任保障，在管理上并不会因为用户的行为对系统管理产生干预。管理则是使所有数据交互都是安全、可管、可控的，实现信息入口来源可靠、事中管控、事后溯源的有效机制。

（4）对象层

经过共识完成后的数据会被对象层协议封装成为各个不同的数据对象。例如，音视频内容会成为音视频加密对象，日志内容会成为日志对象，智能合约会成为合约对象，等等。当被抽象封装成对象后，数据才能真正地被使用。

（5）应用层

各个系统级别的应用都在基于对象的封装之上进行，应用层则是根据协议的要求使用各个接口调用不同的对象，达到最终使用的目的。

视天区块链拓展应用

（1）富媒体信息存证

目前主流的区块链存证应用受到区块链性能和存储空间的限制，无法保存除文本之外的媒体信息。而存证应用场景中却存在大量的富媒体信息，如监控视频、录音等。

依托视天区块链的分布式存储，可储存海量的富媒体信息。而且，上传至视天区块链网络中的所有数据都是永久存在且不可删除的。所以，视天区块链可以在合同存证、交易数据存证、真爱存证、遗嘱存证、保单存证、医疗病历存证、学历学籍存证、司法存证方面进行应用。

（2）以链治链的区块链服务监管

自 2019 年 2 月 15 日《区块链信息服务管理规定》正式实施以来，国家互联网信息办公室依法依规组织开展备案审核工作，并于 2019 年 3 月 30 日发布了第一批共 197 个境内区块链信息服务名称及备案编号，于 10 月 18 日又发布了第二批共 309 个境内区块链信息服务名称及备案编号，即目前全国已取得备案编号的区块链服务有 506 个。目前，备案仅是对主体区块链信息服务相关情况的登记，不代表对其机构、产品和服务的认可。由于区块链数据具有难以删除和篡改的特性，一旦违法有害信息上链后散布传播就会非常危险。

视天区块链则可以应用其本身以链治链的技术服务，实现接入其他区块链服务，进而实现对在网运行区块链服务的基础服务进行监控并对核心数据进行监管。

（3）分布式存储海量数据分发

在原有数字内容分发的基础上，视天区块链可分发包含视频、应用、游戏、个人数据、大数据、人工智能数据等数据。每一个在网的用户节点都可以贡献自己存储的带宽，供其他用户使用。无数用户就构成了一个极其复杂的海量数据的分发网络，相对于传统的 CDN 数据分发方式，成本可下降 30% ~ 90%。

6.9 食品安全溯源+区块链

6.9.1 食品安全溯源行业发展现状

我国自古就有民以食为天的说法，食品安全因与我们每一个人息息相关而备受重视。但这项关乎民生的大事却屡屡存在安全问题与隐患，如何有效地解决食品安全问题成为当下的重中之重。

2018 年 2 月 26 日，人民日报投入一个整版为区块链技术行业代言， 强调区块链是风口，也是未来，并在文中给出了四大应用领域——打假、金融、公益、监管。可以说，区块链在商品打假、溯源防伪领域的应用不仅在技术界获得了共识，而且获得了媒体和社会的广泛认可。利用区块链技术，能够从技术上真正实现食品安全可追溯，解决食品安全的最后一公里问题。

随着社会发展和消费水平的提高，人们对食品安全的需求也在进一步增加，食品安全追溯市场潜力巨大。据估算，2019 年食品行业防伪防窜货追溯系统市场容量将达到 3138 亿元。仅用于食品安全检测的硬件设备潜在市场就达到了7450亿元以上，检测耗材的年市场容量超过了500亿元。

目前，农业部在畜牧业启动了溯源项目，其项目建设主要涉及两方面——自动识别终端系统和动植物溯源信息管理系统。该项目是农业部的全国性建设项目，市场规模约24亿元。2019年，农产品溯源系统市场容量约为92亿元。

6.9.2 食品安全溯源行业的痛点

食品安全溯源技术产生已久，但并未得到广泛的应用，其中的主要原因是传统中心化的数据记录极易受到人为因素控制或更改，从而不被消费者认可。基于分布式网络和非对称加密的区块链技术可以有效地解决传统溯源中数据可信度的痛点，并在行业上已经有较成熟的应用。

但是，仍然有一个关键问题尚未得到解决，即如何确保食品相关数据在上链之前的真实性。区块链技术保证相关数据上链之后不会被篡改、移除，用户可以信任链上的数据就是未经修改的原始数据，但区块链技术无法保证上链数据本身的真实有效性。例如，在将食品生产日期录入区块链的过程中，操作员的误操作就有可能使该数据在上链这个环节就是错误的。

要解决上链数据的真实性问题，区块链技术需要结合物联网设备来实现前端信息的自动化可信采集工作。必须将食品生产数据由传统的企业手工录入转变为物联网智能传感器的自动采集录入，杜绝人为造假行为，从而更好地把控食品溯源在数据采集、数据传输和数据应用过程中的每个环节，将食品全生命周期真实地呈现到消费者眼前，真正做到实质性防伪，实现“区块链上餐桌”。

6.9.3 区块链解决方案

上海阿刻忒科技有限公司提供的融合了区块链、物联网、大数据、AI 等技术的农业金融科技综合技术解决方案，通过铺设网格化农业信息高速公路，打通生产端、终端渠道、监管部门、金融机构之间的数据桥梁，为农产品生产基地提供溯源、保险、动产融资、期货交易的数字信用背书，助力金融、科技与农业的深度融合，同时把经海量数据驯化的算法模型输出至农业生产的全部环节，将农业生产工业化、标准化、智能化。阿刻忒一直在探索区块链技术与农业深度结合带来的业务模式和生产关系的创新与变革，希望致力于通过区块链技术的介入传递农产品生产源头的信任，从而保障食品安全的信任根基。

基于这样的构想，阿刻忒的产品主要包括以下三个方面：

（1）阿刻忒智慧农业大数据平台；

（2）移动端产品：味查小程序；

（3）硬件：鸡脚环、牛羊脖环、智慧农业大棚、地面数据采集终端。

设计思路

运用相关的物联网设备实现信息自动采集以及区块链存证，保障数据的真实性和不可篡改。未来，通过认知计算对数据的实时训练形成一套在农业金融领域的风控算法模型，从而为农村金融业务提供有效的数据凭证。

科技创新点

传统技术的溯源认证采用中心化的记账模式，溯源过程易受人为因素控制。而且，消费者通过打电话等方式查验也非常不方便。

区块链＋物联网的信息自动收集、去中心化、难以篡改、可溯源等几大技术特性则为商品溯源注入了新的基因，使其成为保证商品质量、打击假冒伪劣的一个日常工具，成为商品必备的可信任的标签。

区块链技术应用

区块链技术实现了点对点的直接信息传递，给食品溯源流通领域带来了一个全新的产业发展思路。

在食品安全溯源中，消费者、加工商通过区块链不仅能实现透明交易，每个参与主体还能查询到这件商品从源头、制作出厂到上架销售所经历的所有过程。依托区块链技术的食品追溯系统，在发生食品安全事故时可以回溯记入的每个交易点，进而找到问题环节。

区块链技术本身的难以篡改性可以增进消费者对品牌的信任感，为品牌拓展了营销互动方式。对于普通消费者来说，只需要通过智能手机扫描二维码，就可以获得区块链食品溯源平台的服务，方便、快捷地获取食品全生命周期的相关信息。

案例一：智能鸡脚环

智能鸡脚环是典型的区块链＋物联网的应用场景，如图 6-22 所示。一方面，鸡的养成数据通过智能物联网设备读取，免除人为干预，从数据采集的源头杜绝了数据篡改的发生；另一方面，数据一经读取就直接存储在区块链系统中，保证了数据在后续监管应用中的可信度。

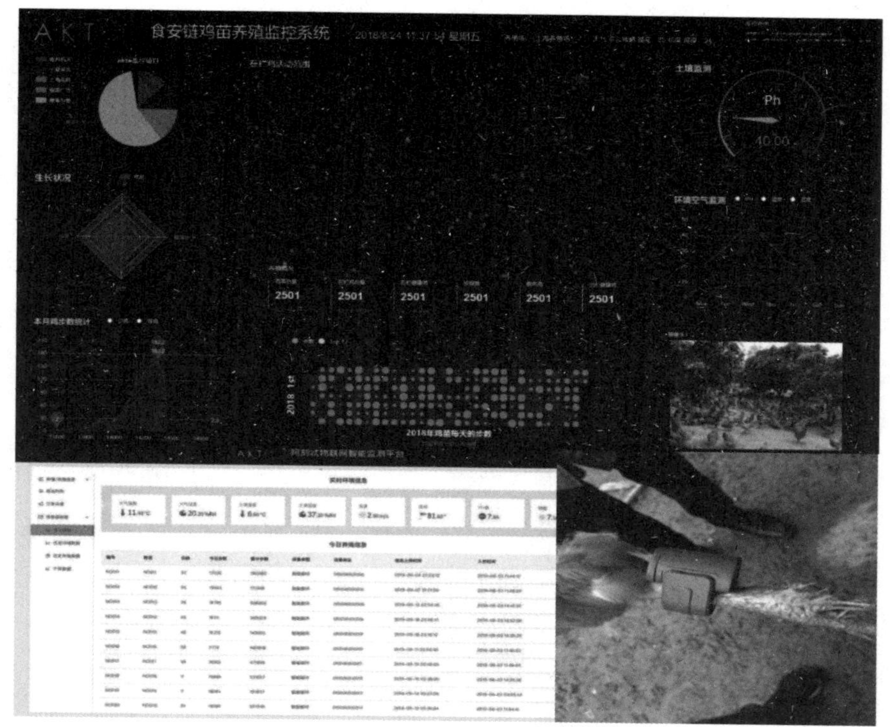

图 6-22　前端监控大屏、种植养殖管理后台及智能鸡脚环

智能鸡脚环具有以下特点。

（1）可拆卸电池、易于携带。采用 190mAh 纽扣电池，方便使用。整机大小为 25.0mm×28.6mm×27.4mm，脚环大小可调节，易于佩戴。

（2）超低功耗、超长续航。白天记步，晚上休息，每天发送 3~10 次计数。5 个月续航，满足鸡的成长周期。

（3）数据存储上链，防伪溯源。设备与鸡一一绑定，记录数据存入区块链分布式账本，实现防伪溯源。用户可通过扫描设备的二维码进行产品溯源。

（4）记录步数、精确定位。采用手环记步方案，使用三轴陀螺仪定时记录并绘制运动轨迹。

案例二：味查小程序

味查小程序是阿刻忒自主研发上线，赋能大客户、服务消费者的创新型产品。它主要包含溯源系统、基地实景视频图片以及味查商城，如图 6-23 所示。

图 6-23 “味查”小程序的页面展示

味查小程序依托“区块链＋物联网＋农业”结合的追溯系统，串联农产品生产基地管理、种植养殖过程管理、采摘收割、上市销售和政府监管等各个环节，与食品行业的产业链连接起来，并结合二维码追溯系统，解决食品行业信息不透明的问题，实现食品行业的流程再造。味查商城赋予广大线下中小商家更多的自主性，利用微信生态覆盖更多人群；能够更好地展示企业形象，同时可以对低频、高价的服务或产品进行提前预约。

从市场发展趋势来看，消费者市场的创新空间不断被压缩，已经渗透细分人群的衣、食、住、行、玩等方面。而针对大客户的企业则发展潜力巨大，8600万家线下商户等待赋能大客户的小程序企业去开发与挖掘。用小程序赋能线下中小企业，能够满足中小企业数字化、创新化的需求。而且，其赋能大客户、服务消费者的模式能够覆盖全民，推动产业升级。

6.9.4 行业展望

区块链结合物联网，在产业应用中的数据采集、数据共享和数据应用环节都有明显的优化和效率提升。

（1）数据采集层面：充分发挥物联网技术优势。

不论是传感器还是智能设备的运用，物联网技术通过设备采集数据，是连接物理世界和信息世界的重要纽带。运用到食品溯源中，可以实现对所需数据的有效采集，包括检测动植物的生长情况和各类指标。对于地域要求较严格的食品，如阳澄湖大闸蟹，通过GPS定位信息，可保证该食品生长过程中地理位置的真实性，以杜绝仿冒。除了生长环境的检测，在整个供应链中流动的信息也可通过物联网技术实时上传。最重要的是所有数据可直接汇入区块链数据库中，在保障数据真实性的情况下又避免了人为操作的可能性。

（2）数据共享层面：通过区块链弥补传统技术的不足。

通过传统的方式存储大量的食品全生命周期监测数据，不仅分散、杂乱，而且易丢失损坏，在溯源时又存在查找不便的问题。食品从生产到餐桌的链条很长，参与主体众多，传统的信息存储彼此割裂，不便于多方协作，不但查找工作量大、效率低，而且容易被人为篡改。利用区块链分布式账本技术，数据对所有人公开且高度透明，信息的共享效率大大增加，无法由任何一方篡改，为数据在共享环节增加了有效的保障。

（3）数据应用层面：通过物联网接入区块链数据。

在应用层上，用户通过扫码等技术接入系统，即可方便、快捷地查询所有存储在区块链上的食品全生命周期信息。

未来，期望把农产品养殖信息通过传感器数据的绑定，使其变成一个数字资产，以此来切入农村金融场景。现今，农村养殖户和小型食品生产企业很难获得贷款或资金方的支持，甚至由于核保成本高昂，农业保险也不愿意给他们承保。而通过区块链＋物联网这样的方式把整个线下资产标的变成了一个实时可检测、可察看的数字资产标的，从而可以帮助资金端的保险公司降低核保成本和风控成本。